와서 보라 ———
그분이 하신 일을

COME AND SEE

와서 보라 —— 그분이 하신 일을

백종만 지음

웨민북스

차례

머리말_ 와서 보십시오, 그분이 하신 일을 _____6

Come

1	빛으로 오신 아버지	_____13
2	"저 하늘의 별에 너의 꿈을 매달아라!"	_____23
3	믿음의 홀씨가 되어	_____38
4	모든 일을 주께 하듯 하라	_____46
5	산골 소년, GE 파트너가 되다	_____54

and

6	두 번의 용서	_____71
7	"내가 너를 살렸다"	_____98
8	순종의 열매	_____107
9	완전한 실패란 없다	_____118
10	CEO의 새벽기도	_____132
11	젊은이여, 야망을 품으라	_____151

See

12	아르센타워의 기적	163
13	세 가지 사훈: 꿈이 있는 미래, 긍정적인 사고, 정직한 생활	179
14	YPP 아카데미와 시대적 사명	197
15	배움에는 끝이 없다	207

맺음말_ 이제 너를 쏠 것이다   213

머리말

와서 보십시오, 그분이 하신 일을

"와서 보라"라는 책 제목은 2012년 내가 암에 걸렸을 때 하나님께 받은 말씀이다. 수술 후 항암치료를 받기 위해 차가운 기계에 누울 때마다 두려움이 밀려왔다. 회사를 경영하는 동안 숱한 고난을 겪었지만, 내 몸에 암이 생기면서 밀려오는 두려움은 뭔가 다른 차원이었다.

"하나님, 살려 주십시오. 고쳐 주십시오!"

그 무렵에도 지인들이 내 인생 이야기를 책으로 내면 좋겠다는 조언을 자주 했지만, 나는 책을 내고픈 마음이 전혀 없었다. 나를 드러내기 싫어하는 탓도 있었고, 그보다 시급한 일들이 많았기 때문이다. 그런데 막상 항암치료가 시작되니 생각이 달라졌다.

'나를 자랑하는 이야기가 아니라, 내 이야기를 통해 사람들이 하나님을 알도록 책을 쓰라는 것은 아닐까?'

그래서 하나님께 기도로 여쭈었다.

"하나님! 혹시 제가 책을 쓰게 되면 책 제목을 무엇으로 할까요?"

그때 마음에 한 음성이 들렸다.

"Come and See."(와서 보라.)

"와서 보라"는 예수님의 제자 빌립이 나다나엘에게 한 말이다(요한복음 1:45-46). 나다나엘은 "나사렛에서 무슨 선한 것이 날 수 있느냐?"고 예수님에 대해 의문을 품었다. 하지만 예수님을 전적으로 신뢰한 빌립은 나다나엘에게 한마디로 일축한다. "와서 보라!" 이 말은 '그렇게 못 믿겠으면 네가 와서 직접 보라'는 뜻이다. 빌립의 요청대로 나다나엘은 예수님을 직접 만나 그분을 봄으로써 예수님의 제자가 되었다.

빌립이 말한 것처럼 나 역시 내 인생에 오셔서 나를 세계적 기업인이 되게 하신 예수님, "나를 따라오라"라고 말씀하신 예수님을 소개할 때, 이 말 외에는 할 말이 없다.

"와서 보라! 이곳에 와서 시골 소년 백종만을 만나 주고 이끌어 주신 예수님을 보라!"

그동안 세상은 참으로 많이 변했다. 한 치 앞을 알기 어렵고, 먼 미래를 예측하기란 더더욱 어려운 시절을 살고 있다.

빠르게 진화하는 디지털 기술로 인해 우리 같은 기업인은 아침에 눈 뜨기가 두려울 지경이다. 인공지능, 사물인터넷, 메타버스 등 자고 나면 새로운 기술이 생겨난다. 변화의 속도가 빨라도 너무 빨라서 따라가기가 힘에 부친다.

전 세계가 코로나19를 지나면서 온라인 전자상거래가 더욱 활성화되었고, 기업은 재택근무에 적응해야 했다. 사회에는 바이러스 전파를 염려해 생긴 외국인 혐오 정서를 극복해야 할 과제가 생겼다. 국가와 기업들은 강대국의 강화된 보호무역 같은 국제 환경에도 새롭게 적응해야 한다. 그래서인가. 우울증과 불면증 같은 정신적인 고통을 호소하는 사람들이 부쩍 많아졌다. 희망을 잃고 스스로 갇혀 있는 젊은이들도 여기저기 생겨났다.

'이토록 불확실한 시대에, 불안을 안고 사는 사람들이 의지할 수 있는 그 무엇이 있어야 하지 않을까? 소망을 품게 해줄, 꿈을 제시해 줄 한 사람은 있어야 하지 않을까?'

이런 고민 가운데 항암치료 중 생각했던 책 출간 숙제를 시작하게 되었다.

이 책은 나의 이야기를 통해 독자들에게 보내는 하나님의 초청장이다. 인생을 돌아보니 걸음걸음마다 하나님의 은혜가 아닌 일이 없다. 이 책을 읽는 모든 독자가 내 삶에 찾아오셔서 인도해 주신 하나님의 역사하심을 직접 보고, 나다나엘처럼 예수님의 새로운 제자가 될 수 있기를 꿈꾸면 좋겠다.

아름다운 세상, 아르센타워에서

2023년 2월

백종만

COME

나는 빛으로 세상에 왔나니
무릇 나를 믿는 자로
어둠에 거하지 않게 하려 함이로라.

요한복음 12:46

1
빛으로 오신 아버지

"종만아— 종만아—."

칠십을 넘긴 오늘까지도 열여섯 살 때 들은 그 음성이 귀에 생생하다.

나는 전남 순천(지금 주소로는 전라남도 순천시 상사면 비촌리) 참샘마을에서 태어났다. 순천에서 고흥으로 가는 길목에 위치해 있는데, 내가 어릴 때는 승주군에 속한 시골 중의 시골이었다. (고등학교를 졸업한 후에야 전깃불이 들어올 정도로 깡시골이었다.) 버스도 안 다녀서 어쩌다 순천 시내에 가려면 적어도 7-8킬로미터는 걸어야 했다. 시내까지 거리도 제법 멀지만, 오가는 길이 평지가 아닌 산길인 데다가 작은 강도 있어서 내가 다니던 중학교까지 참 멀게 느껴졌다.

나는 집이 너무 가난해서 중학교에 다닐 형편이 못 되었다. 그런데 국민학교 6학년 담임선생님이 나를 인정해 주셔서 매산중학교 입학시험을 치르게 해주셨고, 기적처럼 장학금을 받고 학교에 다녔다. 학비를 안 내고도 중학교에 다닐 수 있게 된 사실을 알게 된 아버지는 첫 선물로 중고 자전거를 사 주셨다. 엄밀히 말해 그 자전거는 두 번째 선물이다. 첫 선물은 작은 지게. 아버지는 내가 국민학교를 졸업하면 당연히 농사일을 도우리라 생각하시고는, 어디서 사 왔는지 만들었는지 모를 작은 지게 하나를 사립문 옆에 가져다 놓으셨다. 그런데 나의 중학교 입학 소식을 듣고는 지게를 슬그머니 치우고 그 자리에 자전거를 세워 두셨다. 그렇게 해서 나는 순천 시내의 학교까지 아버지가 사주신 자전거를 타고서 통학을 했다.

──── 아버지 생각이 난 고갯길

과외도 학원도 거의 없던 시절, 중학생인 내가 처음부터 밤늦게 하교한 건 아니었다. 서울의 K대학교를 졸업한 상업 선생님이 부임하셨는데, K대 농구선수 출신이었다. 담당 과목은 체육과 상관없었지만, 학교의 허락을 얻어 농구부를 창설하셨다. 운동을 좋아하던 나는 바로 지원해 너끈히 농구부원이 될 수 있었다. 중3 때인데 그때부터 하굣길이 늦어졌다.

농구부 선발 기준은 '달리기 선착순 10명.' 국민학교 6년 동안 하루 두 시간 이상 뛰다시피 다닌 데다가, 중학생이 되어서는 매일 두세 시간씩 자전거로 통학을 했기에 하체 근육과 달리기만큼은 누구보다 자신 있었다. 그러니 달리기라면 학교에서 무조건 1등이었다. 매일 산을 넘고 들을 달렸으니 얼마나 잘 뛰었겠는가?

농구부원이 되면서부터 집으로 돌아가는 시간이 늦어졌다. 다른 아이들은 집이 순천 시내라 웬만하면 저녁을 먹을 즈음 집에 도착할 텐데, 나는 항상 컴컴해져서야 당도할 수 있었다.

그때는 요즘처럼 건전지로 불을 밝히는 자전거용 전조등이 없어서 페달을 밟아야 불이 들어왔다. 자전거(自轉車)일 뿐 아니라 자력발전(自力發電)이기도 했던 것이다. 힘에 부쳐 속도가 줄면 그만큼 빛이 흐려졌다. 게다가 중고 자전거 아닌가! 아무리 밟아도 새것처럼 빛이 밝지 않았다.

────── **"종만이 좀 살려 주세요"**

그날은 비가 내렸다. 집은 아직 멀었고 배는 고팠다. 최선을 다해 자전거 페달을 밟는데, 전조등 필라멘트가 수명을 다했는지 빗물이 스며들어 고장이 났는지, 갑자기 자전거 전조등이 나갔다. 칠흑 같은 어둠은 내가 나를 분간할 수 없을 정도로 주변을 집어삼켰다. 전조등이 꺼져 멈춰 선 곳은 나무가 빽빽한 고갯길 중턱. 오던 길만큼은 가야 집에 당도할 거리였다.

무서웠다! 내가 살던 시골에는 무서운 이야기가 참 많았다. 빈집에는 귀신이 살고, 한적한 고갯길엔 도깨비가 숨어 있다가 애들을 잡아간다며 동네 형이나 어른들이 겁을 주곤 했다. 마침 그 고갯길 옆으로 저수지가 있어서 발이라도 헛디디면 빠질 수도 있는 상황이었다. 설상가상, 내가 멈춘 그 길은 누가 귀신을 봤다면서 나를 겁주던 곳이었다. 오금이 저리고 입은 바짝 타들어 갔다. 눈앞이 캄캄했다. 말로만 캄캄한 게 아니라, 실제로 아무것도 보이지 않았다.

자전거 브레이크를 꽉 잡고, 그 자리에 그냥 서버렸다. 온몸이 뻣뻣해지고, 머릿속에는 오만 가지 무서운 상상이 들어찼다. 귀신이나 도깨비가 어둠 속에서 불쑥 나타나 잡아갈 것 같았다. 그때 아버지 생각이 났다. 아무도 없는 그 캄캄한 밤, 비 내리는 시골길에서···.

'아버지, 아버지···. 종만이 좀 살려 주세요.'

무서워 소리도 못 낸 채 이 말만 입안에서 맴돌았다. 몸이 떨렸다.

그때 멀리서 빛이 깜박거렸다. 그리고 소리가 들렸다.

"종만아! 종만아! 너 어디냐?"

애타게 내 이름을 부르는 음성이 귀에 익숙했다. 내 기억에 선명히 각인된 그 음성. 아버지였다!

해는 지고 비까지 내려 깜깜한데 그날따라 아들의 귀가가 늦어지니 그 무뚝뚝한 아버지가 호롱불을 들고 거기까지 찾아오신 것이다. 아버지가 나를 마중 나오신 것은 그날이 처음이었다. 내가 순천을 오가는 길의 거의 절반쯤이었다. 그토록 무섭던 아버지가 그렇게나 반가울 줄이야!

아버지가 나를 데리러 오셨다는 걸 안 순간, '이제 살았다' 싶어 심장이 벌렁거렸다. 나도 소리쳐 아버지를 불렀다.

"아버지! 아버지! 종만이 여기 있어요!"

그리고 단숨에 아버지를 향해 달렸다. 전혀 보이지 않던 앞길이 보였기 때문이다. 아버지가 흔드는 호롱불만 바라보면 되는 길이었다. 나는 그날 밤을 일평생 잊지 못하고 있다.

나를 찾아와 주신 아버지

성경에는 집 나간 아들을 기다린 아버지 이야기가 있다. 흔히들 알고 있는 탕자 비유이다. 아버지의 재산을 미리 받은 둘째 아들이 아버지를 떠나 방탕하게 살다가 거지 신세가 된다.

먹어서는 안 될 돼지 먹이나 구걸하다가 기댈 곳은 아버지밖에 없다고 생각하고는 아버지 집으로 향한다. 종으로라도 받아 주면 감지덕지다 싶어 집으로 돌아가고 있는데, 아버지는 멀리서부터 아들을 알아보고 달려와 안아 주셨다.

이 비유가 그날의 내 경험과 완전히 들어맞지는 않는다. 나는 평범한 학생이었지 탕자는 아니었으니까. 하지만 아버지가 기다려 주시기를 바란 심정만큼은 그나 나나 같을 것이다.

당시 나는 미션스쿨을 다니면서 교회에 나가고 있었다. 내가 처음 교회에 가게 된 이유는, 교회에 가서 출석 도장을 받아 와야 성경 과목 점수가 높아지기 때문이었다. 그렇게 교회를 다니다가 목사님의 설교를 통해 하나님을 인격적으로 만나 자원해서 세례를 받았다. 처음엔 하나님을 내 영혼의 아버지로 깊이 알지 못했다. 하지만 신앙이 깊어지고 하나님을 나의 아버지로 영접한 뒤로 차차 알게 되었다. 나의 육신의 아버지가 겉으로는 무뚝뚝하셨어도 속으로는 늘 내 생각을 하셨다는 것을. 그리고 알았다. 나를 지으신 창조주 아버지는 그날 밤에도 그 이후에도, 내 육신의 아버지가 계셨을 때나 돌아가신 다음에나, 인생의 모든 어둡고 비 내리는 고갯길마다 나를 기다리며 내 곁에 계셨다는 것을….

하나님 아버지는 실제로 내 인생의 어려운 모든 순간과 고

비마다 그러셨다. 비 오던 날 밤에 호롱불을 들고 기다리셨던 참샘마을의 아버지처럼, 내가 힘들 때마다 항상 빛으로 나타나셨다. 그리고 이제는 그와 같은 아버지의 마음으로 나를 살아가게 하신다.

하나님은 내가 나의 자녀들에게 빛이 되어 주는 아버지일 뿐 아니라, 직원을 가족처럼 여기고 품는, 아버지 마음을 가진 경영자가 되기를 바라신다. 내가 하나님 아버지의 용서와 보호를 받는 은혜를 입었으니, 가정과 세상에서 탕자마저 품고 보호하는 아버지의 마음을 가지고 용서하며 살아야 한다는 걸 깨닫게 하신다.

그런데 하나님 아버지처럼 산다는 것이 사람으로서는 쉽지 않다. 내 아버지가 내게 무뚝뚝하셨던 것처럼, 사람은 아버지로서 완벽하기 어렵다. 하지만 하나님을 내 아버지로 모시고 내가 그분의 자녀가 되면 어느 정도 가능해진다. 하나님의 말씀인 성경을 꾸준히 읽고 깊이 묵상하고, 하나님께 기도하는 시간이 길어지면 길어질수록, 내 마음의 묵상과 입술의 고백이 하나님 아버지의 마음과 말씀에 조금 더 가까워진다. 말씀과 기도 가운데 거할 때 육신의 아버지에 대한 섭섭한 기억마저 새로워진다.

젊었을 때는 아버지가 별로 보고 싶지 않았다. 그러나 지금은 참 그립다. 비 오던 날, 아들을 애타게 기다리다가 그 먼 길을 마중 나오신 나의 아버지.

─────── 어둔 길에 빛이 비치니

사업을 하면서 기쁜 날도 많지만 힘들고 괴로운 날도 참 많다. 근심과 걱정이 밀려와 잠이 오지 않는 밤이면, 한밤중에라도 침대에서 내려와 바닥에 무릎을 꿇는다. 그럴 때마다 자전거 등이 꺼져 앞길이 막막하던 날, 나를 기다려 주신 아버지의 등불과 그 음성이 기억난다. 육신의 아버지는 지금 이 세상에 계시지 않지만, 나의 영적 아버지 하나님은 그때나 지금이나 내 어두운 인생의 모든 현실에서 빛이 되어 주신다. 도무지 풀지 못할 것 같은 원한과 갈등과 문제까지 해결해 주신다.

지금 이 시간, 이 책을 읽는 당신의 현실도 힘들고 어두울지 모르겠다. 하지만 염려하지 마시라. 하나님이 등불을 들고 당신을 기다리고 계시니까. 울고 있는 당신 곁에서 그분은 등을 토닥이며 지켜 주신다.

현실의 두려움은 칠흑 같은 밤길과 같다. 하지만 하나님이 불 밝히고 지켜 주실 거라는 믿음이 모든 염려를 이긴다. 기도를 하면 할수록 나로서는 풀 수 없는 어려운 문제도 하나님은 다 알고 계시며 해결 방도를 갖고 계시다는 믿음이 더욱 깊어진다. 하나님께서 주시는 은혜가 아닐 수 없다. 그러니 앞이 캄캄하고 해결하기 힘든 일이 생길 때마다 엎드려 기도할 뿐이다.

하나님이 나에게 있는 문제를 모르거나 아무 관심이 없다면 우리가 왜 기도하겠는가? 하나님이 나를 지키시고 다 아신다고 믿으니 기도의 자리로 힘써 나아가는 것이다.

하나님이 나의 아버지이시기에, 인생에 문제가 있든 없든 내가 할 일은 오직 기도밖에 없다. 문제가 없을 때에도 더욱 기도의 자리로 나아간다. 그래야 문제가 생겨 기도해야 할 때 하나님을 찾기가 쉽기 때문이다. 물론 힘들 때만 하나님을 찾아간다고 해서 나 몰라라 하실 분은 아니다.

아이가 놀이터에서 놀 때는 대개 아버지를 찾지 않는다. 하지만 넘어져 다치기라도 하면 울음부터 터트리며 아버지를 찾는다. 노는 동안 아버지를 한 번도 쳐다보지 않았다고 해서, 다쳐서 우는 아이를 안아 주지 않는 아버지는 없다. 신나게 놀면서 아버지가 주변에 있는지 가끔 확인하며 미소만 지어도 아버지는 행복하다. 아끼는 내 자녀가 다쳐서 아프다고 우는데, 단숨에 달려오지 않을 아버지가 어디 있을까?

우리의 아빠 아버지이신 하나님은 내가 그분을 찾을 때는 물론 찾지 않을 때조차 우리 곁에 계신다. 그 아버지는 우리가 성장하여 아버지 뜻대로 살기를 바라신다. 사랑하며, 용서하며, 보호하며, 품으며, 인도하면서….

2
"저 하늘의 별에 너의 꿈을 매달아라!"

내 고향은 시골 중에서도 '깡시골'이었다. 지금은 순천시에 편입되어 아파트도 생기고 했지만, 내가 어릴 때는 버스도 안 다녀서 몇 시간을 걸어야 순천 시내 구경을 할 수 있었다. 우리 동네는 이름만큼 맑고 아름다웠다. '참샘.' 물이 너무 좋다고 해서 붙여진 이름이라고 한다. 땅을 파면 우물이 솟았는데, 동네 사람들은 수도가 생기기 전까지 이 물을 먹고 살았다.

중학생이 될 때까지, 나에게 세상은 그 외지고 작은 산골이 전부였다. 열 가구 정도 모여 살았는데, 백씨 집성촌이어서 가까우면 사촌이고 멀어도 친인척이었다.

우리 집은 그 마을에서도 가난한 편이어서 남의 논밭을 일구며 근근이 입에 풀칠을 하며 살았다. 위로 누님 한 분, 아래로 여동생만 넷. 나는 외동아들이었다. 집이 워낙 어렵다 보니 우리 여섯 남매는 학교 갈 생각은 애초에 안 했다. 학교도 멀고 돈도 없고, 무엇보다 집안일에 손도 보태야 했다.

─────── "이 아이가 장래에 어떤 사람이 될지 주목하세요"

하루는 동네 아이들과 놀고 있는데, 이장님이 우리를 부르셨다.

"너거들, 학교 가야 돼야! 학교 댕길 아그들은 싸게 나 따라와야 쓰겄다!"

이장님의 말에 아이들 걸음으로 한 시간 넘게 걸어 도착한 곳은 상사국민학교였다. 학교는 참샘마을보다 좀 더 큰 마을에 있었다. 지금 생각하면, '학교 갈 나이가 된 아이들을 찾아 보내라'고 정부에서 지시한 것 같다. 그때 내 나이는 아홉 살이었다.

나는 학교 다니는 것이 무척 좋았다. 엄청 멀었어도 오가는 길이 힘든 줄도 모르고 다녔고, 옷도 변변찮아 겨울에는 특히 추워서 고생을 했을 텐데 그저 재밌기만 했다. 글 배우고 책 읽고 선생님 말씀 듣는 것이 그렇게 신이 났다. 그래서였는지 선생님들이 유독 나를 예뻐하셨다. 훗날 학적부를 보니, 2학년 때 담임 정성균 선생님은 이렇게 써놓으셨다.

"이 아이가 장래에 어떤 사람이 될지 주목하세요."

그 한 문장이 얼마나 큰 감동이던지! 선생님은 나의 어떤 면을 보고 그렇게 쓰셨을까? 희망도, 아무 미래도 기약할 수 없는 어려운 환경의 철부지인 나를, 정 선생님은 특히 아끼며 늘 격려하셨다.

"종만이 너는 나중에 크게 될 거야. 열심히 공부해라!"

정 선생님은 말로만 나를 아끼신 게 아니었다. 학교 급식도 없던 시절, 가정 형편이 어려워 점심을 못 싸오는 나를 위해 도시락을 하나 더 가져오곤 하셨다. 겨울이면 화목난로에 불을 지펴 그 위에 도시락을 얹어 데워 주셨는데, 선생님은 환기를 위해 가끔 창문을 열어 놓으셨다.

사고가 난 그날도 그러셨다. 나무 펜대를 한 손에 쥔 채 정 선생님이 창문을 열려고 하셨지만, 나무로 만든 창문틀이 어찌나 뻑뻑하던지 잘 열리지 않았다. 안 열리는 창문을 어떻게든 여시려는 순간, 펜대가 창틀에 부딪혔고 펜촉이 선생님의 얼굴을 향했다.

"으악!"

선생님이 비명을 지르셨다. 순식간에 일어난 일이라 우리는 그저 "어─어" 하는 소리만 낼 뿐이었다. 펜촉이 선생님의 한쪽 눈을 찌른 것이다.

그날의 기억 때문인지 나는 날카롭거나 철로 만든 물건에 지금도 트라우마가 있다. 그 어릴 때 나를 아끼시던 선생님이 실명(失明)하시는 걸 직접 보았기 때문이다. 요즘 같으면 그 정도의 사고로 실명까지는 이어지지 않게 조치를 했을 것이다. 하지만 그때는 어쩔 도리가 없었다. 선생님이 나를 아껴서뿐만 아니라 내가 그 사고를 목격했기 때문에 학창 시절 내내 문득문득 정 선생님 생각이 났다.

그리고 세월이 흘러 내가 고등학생이던 어느 날 순천 시내 다리를 지나고 있는데, 자전거를 타고 가시던 정 선생님이 먼저 나를 알아보곤 부르셨다.

"종만아! 너 종만이 아니냐? 너는 눈 괜찮지?"

이 말이 수년 만에 나를 본 선생님의 첫마디였다. 제자의 눈은 이상이 없는지 궁금하셨던 것이다.

"저는 괜찮습니다. 그런데 선생님은 어떻게 자전거를 타고 다니세요?"

"너, 내가 눈 다친 거 기억하고 있구나! 한 눈으로도 살 만해."

정 선생님을 뵌 건 그때가 마지막이었다.

김춘수 시인의 유명한 시가 있다. 〈꽃〉이라는 시이다.

　　내가 그의 이름을 불러 주었을 때
　　그는 나에게로 와서 꽃이 되었다.

이 말이 그저 이름만 불러 주면 꽃이 된다는 뜻은 아닐 것이다. 그 사람의 미래까지 축복하는 것이라고 나는 믿는다. 사람은 말해 주는 대로, 불러 주는 이름 그대로 살아가게 되는 까닭이다.

열 살밖에 안 된 국민학교 2학년생이었지만, 나는 선생님께서 말해 주신 대로 살아야 한다고 생각했다. 내가 크게 될 것이라고 격려하셨으니, 그런 사람이 되도록 노력하며 살아야겠다고 다짐했다.

정 선생님처럼 누가 나를 좋게 말하면 나는 그 축복대로 되는 것이다. 마찬가지로, 나도 누군가에게 그의 이름을 제대로 불러 주고 축복하면 그도 내가 말해 준 것만큼, 아니 그 이상 좋은 사람이 될 수 있다. 나는 이것을 교훈 삼아, 어려서부터 지금까지 누구에게든, 직원들을 대할 때나 거래처 사람들을 만날 때나 잊지 않고 되뇌이는 것이 있다. 바로 '잘되기를 바라는 축복'이다. 이름을 불러 주고 축복해 주는 원리이다. 그렇게 하면 모두가 복된 길을 함께 갈 수 있다.

우리 회사 이름인 'YPP'도 이 교훈에서 나온 것이다. '당신의 영원한 파트너(동반자)'라는 의미인 'Your Permanent Partner'의 이니셜에서 따온 사명은, 거래처와 직원은 물론 모든 고객을 우리 기업의 동반자로 여긴다는 마음을 담고 있

Come

다. '동반자'는 나의 경영철학이기도 하다. YPP는 세상 모두의 동반자가 되고 복의 통로가 되겠다는 뜻을 가진 사명(社名)이자 사명(使命)이다.

YPP라는 사명을 처음 지을 때 영문 뜻은 'Your Professional Partner'였다. 전문성을 가진 동반자가 되겠다는 다짐이었다. 이후 기술적인 측면뿐 아니라 모든 면에서 영속적인 동반자가 되겠다는 뜻으로 'professional'을 'permanent'로 바꾸었다.

동반자는 친구이기도 하다. 우리가 상대를 친구로 여기면 그를 친구처럼 다정히 부르게 된다. 그러면 상대도 나를 친구로 대할 것이다. 이로써 진정한 동반자가 된다.

동반자는 함께 발전하고 같이 살아가는 사이이므로, 상대를 통한 이익을 추구하기보다 우선 상대에게 기여하려 애쓴다. 그래서 YPP의 경영 모토는 "이익보다 기여를 생각합니다"이다. 좋은 선생님들께 좋은 영향을 받은 덕분에 생각해 낸 가치들이다.

─── 선생님이 보내 주신 중학교

내 인생에서 좋은 선생님을 많이 만난 건 정말이지 축복이다.

나를 가르치신 선생님들의 성함을 나는 지금까지 거의 다 기억하고 있다. 나를 아껴 주고 길을 열어 주신 분들인데, 어떻게 잊을 수 있겠는가? 6학년 담임 오길수 선생님은 특히 잊을 수 없다.

졸업 때가 가까워지던 어느 날, 오 선생님이 부르셨다.
"내일 순천 갈 일이 있으니 새벽에 학교로 오너라."
"무슨 일로 그러시는데요?"
"응. 나하고 어디 좀 갈 데가 있다."
몹시 궁금했지만, 선생님이 오라 하시니 다음 날 새벽 일찍 학교에 갔다. 그리고 선생님을 따라 순천 방면의 산을 향했다. 정상쯤에 이르니 어느덧 해가 중천에 올랐다. 선생님께서 걸음을 멈추고 말씀하셨다.
"종만아, 여기서 아침 먹고 가자."
아침 겸 점심으로 선생님이 싸 오신 도시락을 먹는데, 그제야 우리가 어디에 가고 있는지 알려 주셨다.
"오늘 매산중학교 시험 보는 날인데, 가서 시험 잘 치러야 한다."
중학교 가는 건 꿈도 꾸지 못했던 터라 그저 놀랄 뿐이었다.
"선생님, 저 돈 없어서 중학교 못 갑니다. 아버지도 안 보내 주십니다."

"종만이 네가 시험만 잘 보면 돼! 입학시험 전교 10등 안에 들면 학비 면제라더라. 내가 보기에 넌 할 수 있을 것 같아서 데리고 가는 거야! 다른 소리 말고, 가서 시험만 잘 봐!"

내가 그날 입학시험에서 몇 등을 했는지는 여태 모른다. 좌우간 부모님께 학비 이야기는 한 번도 꺼내지 않고 매산중학교를 다닐 수 있었다. 중학생 때 성적 덕분에 매산고등학교도 학비를 내지 않고서 진학했다. 고등학생 때는 총학생회장도 했다. 나는 매산중학교는 19회, 매산고등학교는 18회 졸업생이다.

매산중학교의 근원은 1910년 선교사에 의해 설립된 미션스쿨 은성학원이다. 원래는 남녀공학이었지만, 학원 평준화 등의 학제 변화로 남자 중고등학교와 여자 중고등학교로 나뉜 지 오래되었다. 매산중학교는 지금도 순천에서 유일한 사립중학교라고 한다.

───── **미션스쿨에서 하나님을 만나다**

중학교 1학년생이 어른 자전거를 죽어라 밟아서 땀 뻘뻘 흘리며 학교를 다녔다. 그때는 상사면에서 순천 가는 길에 깊지는 않지만 꽤 넓은 강이 있어 오갈 때마다 돌다리를 건너야 했다. 깊은 곳은 물이 무릎까지 왔다. 나는 자전거를 들고 돌다리를 건너는 것보다 물속으로 걷는 것이 편해서 강을 가로질러 걸어 다녔다. 겨울이면 강에 살얼음이 얼었다. 한 10분간 양말을 벗고 살살 걷다가 꽁꽁 언 발을 양말로 쓱 닦은 다음 다시 신고 학교에 가곤 했다. 그래도 힘들다는 생각은 전혀 안 했다. 학교에 다닐 수 있다는 것이, 공부할 수 있다는 것이 마냥 좋았으니까. 한 손으로는 자전거 핸들을 잡고 다른 한 손으로는 작은 영어 단어장을 들고 외우며 페달을 밟았다.

하루는 학교를 마치고 오는 길에 자전거가 언덕 아래로 곤두박질하면서 하필 벌집 위로 넘어졌다. 단어장을 들고 외우느라 앞을 못 보았기 때문이다. 온몸에 벌이 달라붙었다. 가만히 있으면 벌이 쏘지 않는다는 말을 들은 기억이 나서 한참을 꼼짝 않고 있었더니 생각보다 많이 쏘이진 않았다.

다음 날, 벌에 쏘인 자리가 여기저기 아팠지만 어김없이 등교를 했다. 학교는 나에게 하나님을 만나게 해준 곳이고, 막연하지만 '세계적으로 활동하는 어떤 사람이 되겠다'는 꿈을 심어 준 곳이다. 꿈 없던 시골 소년이 넓은 세상을 꿈꾸게 된 것은 미션스쿨에서 하나님을 만나고 신앙을 갖게 되었기 때문이다.

나는 미션스쿨을 다닌 덕분에 중학생이 되자마자 교회를 나가기 시작했다. 앞서 말했듯이 처음엔 교회에 다녀왔다는 증거로 출석 도장을 받아 오면 성적이 좋게 나오기 때문에 다녔다. 그때는 이것이 얼마나 복된 일인지 미처 몰랐다.

동네에서 가장 가까운 교회조차 순천 가까이에 있어서 한참을 걸어야 했다. 그 교회가 상사면에서는 유일한 예배당이었다. 담임목사님도 안 계셔서 어떤 장로님이 설교하러 오시는 초라한 시골 교회. 하지만 나는 그 교회에서 하나님을 만났다. 아니다! 엄밀히 말하면, 내가 하나님을 만난 것이 아니라 하나님이 나를 찾아오셨다. 상급 학교에 갈 엄두도 못 내던 아이를 중학교, 그것도 미션스쿨에 보내 주셔서 교회에 다니게 하셨다. 내가 성경을 읽기도 전에 그분은 성경에 나오는 이야기를 내 삶에 이루고 계셨다.

내 인생의 롤모델

매산중고등학교는 대개 이 학교를 세우거나 학교에서 봉사하신 선교사님들의 이름을 따서 건물 이름을 지었다. 그만큼 훌륭한 선생님이 많으셨다. 내가 매산학교를 다닐 때는 김형모 선생님이 교장으로 계셨다. 김형모 선생님은 미국에서 신학 공부를 하고 오신 분으로, 서울이나 전라도의 유명 대학교에 교수로 가실 수도 있는 학자였다. 어느 대학에서는 총장으로 모시겠다고 했다고 한다. 하지만 본인의 사명은 하나님의 사람들을 키우는 것이라며 순천의 매산학교로 오셨다. 중학생 때 내 인생의 롤모델로 삼은 분이 바로 김형모 교장선생님이었다.

내가 매산고등학교 총학생회장일 때, 어떤 일 때문에 학생들까지 순천 시내에서 열린 시위에 참가를 했다. 회장이니 맨 앞에 섰다가 붙잡히고 말았다. 그런데 김형모 교장선생님이 나를 구하려고 경찰서에 오셔서 선생인 자신을 집어넣고 저 학생을 빼달라고 하셨다. 그 말에 경찰이 나를 풀어 주었다. 그럴 정도로 김형모 교장선생님은 순천에서 덕망이 높은 분이었다.

김형모 교장선생님은 학생들을 함부로 대하지 않고 모두 하나님의 자녀로 여기셨다. 중학교 3학년 때 우리 반 담임선생님이 수학 선생님이었는데, 이분은 특이하게도 반별로 드리는 예배 시간에 돌아가면서 한 번씩 설교하라고 학생들에게 억지로 시키셨다. 담임이 해야 하는 일이었으나, 그게 귀찮았는지 학생들한테 설교하라고 했던 것이다. 어느 날, 복도를 지나시던 교장선생님이 그 장면을 보곤 교실로 들어와 호통을 치셨다.

"학생이 왜 설교합니까? 김 선생이 하세요!"

우리는 속으로 잘됐다고 반겼고, 선생님은 난감해하셨다.

또 한 가지 기억나는 사건이 있다. 매주 수요일은 죽었다 깨나도 전교생이 채플에 참여해야 했다. 교장선생님이 미국에서 공부를 하신 분인지라 한국의 유명 목사님뿐 아니라 미국과 대만 등 해외의 목사님들까지 채플에 모셔 오곤 했다. 강사가 영어로 말할 때는 교장선생님이 통역을 해주셨다. 나는 그 장면을 보고 '영어 공부를 열심히 해야겠다. 나도 교장선생님처럼 영어를 잘해서 미국 사람들, 전 세계 사람들하고 자유롭게 대화할 수 있도록 해야겠다'라고 다짐했다.

특히 대만에서 오신 어떤 목사님이 꿈을 크게 가지라고, 세계적인 사람이 되는 걸 꿈꾸라고 도전하셨던 것이 큰 자극이 됐다. 그 목사님이 해주신 설교의 제목이 아직도 기억에 남는다.

"저 하늘의 별에 너의 꿈을 매달아라!"

나는 그날 바로 순천 시내 헌책방에 가서 누가 쓰던 영어사전을 샀다. 용돈이 적어서도 그랬지만, 그때 내 유일한 취미가 헌책방에 가서 남이 쓰던 영어 교과서나 참고서를 사서 보는 것이었다. 시골집에는 내 방도 책상도 없었다. 집에 가면 밥상부터 편 다음, 영어사전과 교과서를 올려놓고 무조건 외우면서 공부를 했다. 누구처럼 영어를 가르쳐 줄 과외 선생님도 없으니 스스로 터득해야 했다. 영어 공부는 내 꿈을 이룰 유일한 길 같아 보였다. 김형모 교장선생님 같은 사람이 되기 위해서도, 대만 목사님이 말씀하신 것처럼 세계적인 사람이 되기 위해서도 영어가 필요했다. 그래야 저 하늘의 별에 내 꿈을 매달 수 있을 테니까.

────── 야곱을 알기도 전에 야곱의 꿈을 꾸다

돌아보면, 내가 꿈을 꾸었다기보다 하나님께서 내게 꿈을 주셨다. 성경을 읽기도 전에 성경에 나오는 이야기가 내 삶에 이뤄지고 있었던 것이다.

중학교 2학년 때의 일이다. 하루는 낮잠을 자다가 꿈을 꾸었다. 어찌나 선명한지 지금도 기억에 남아 있다. 하늘에서 큰 사다리가 내려오고, 천사인 듯한 분들이 오르락내리락하면서 나한테 다녀가는 꿈이었다.

나는 그 장면이 성경 창세기에 나오는 야곱의 꿈 이야기와 똑같다는 것을 전혀 몰랐다. 그 당시 내게는 성경이 없었고 읽어 보지도 않았을 때였기 때문이다. 설교 시간에 혹시 야곱 이야기를 들었을 수도 있지만, 그 장면을 설교한 분은 내 기억에 없었다.

꿈에 본즉 사닥다리가 땅 위에 서 있는데 그 꼭대기가 하

늘에 닿았고 또 본즉 하나님의 사자들이 그 위에서 오르락
내리락하고(창세기 28:12).

야곱이 이 꿈을 꾼 때는 그의 신세가 몹시 처량했을 시기이
다. 야곱은 형 에서와 아버지 이삭을 속이고서 큰아들이 받아
야 할 장자권 축복을 대신 받았다가, 형의 눈 밖에 나서 고향
을 떠나게 된다. 어머니 리브가의 권유로 어디인지도 모를 먼
친척 집을 향해 가는 길에, 가진 것이라고는 아무것도 없어
노숙하는 신세가 되고 말았다. 그때 그의 꿈에 나타나신 하나
님은 야곱이 하나님과 연결돼 있다는 말씀을 주시려는 듯 천
사 같은 이가 사다리를 타고서 오르락내리락하는 환상을 보
여 주셨다. 야곱은 그곳에 '벧엘', 즉 '하나님의 집'이라는 뜻
의 이름을 붙인다. 이것이 야곱의 꿈 이야기이다.

나는 중3이 되고서야 성경을 조금씩 읽기 시작했는데, 이
대목을 보고는 깜짝 놀랐다. 내가 성경을 읽기도 전에 그런
꿈을 꾸었다는 이야기는 마음속에 담아 두었다가 한참이 지
나서야 아주 가까운 사람에게나 조금씩 하게 됐다.

요즘은 전통적인 미션스쿨이라 해도 제도적으로 성경을 마
음껏 가르칠 수 없지만, 나는 성경 교육이 활발했던 시절에
미션스쿨을 다닌 덕분에 매주 말씀을 들었다. 특히 그 꿈을
꾸고 나서부터는 목사님이 전하는 설교가 귀에 구체적으로

들렸다. 그렇게 해서 하나님을 만나게 되었고, 인생을 향한 꿈을 꾸게 되었다.

3
믿음의 홀씨가 되어

주변을 보면, 자기 혼자 힘으로 산다고 생각하는 사람들이 종종 있다. 그래서 잘되든 못되든 모두 자기 탓이라 여긴다. 하지만 인생을 살아 보니 꼭 그렇지만은 않다. 누군가의 도움이 있기도 했고 방해가 있기도 했다. 눈에는 보이지 않아도, 누군가 우리를 지켜보고 도와주기 때문에 각자가 살고 있는 것이다. 설혹 누군가 내 길을 가로막고 심지어 나를 배신하는 것 같아도, 결국에는 모든 것이 나를 살리고 돕는 결과를 낳는다. 나의 경우, 항상 나와 함께하시고 지키시고 도와주시는 분이 계시다. 바로 내가 믿는 하나님이시다. 나를 이끄시고 보호해 주시는, 말로 다할 수 없는 하나님의 놀라운 은혜 덕분에 지금껏 성장할 수 있었다.

고등학교 다닐 때는 공부를 곤잘 했다. 운동도 좋아하고 음악도 좋아했다. 사람 사귀는 것도 좋아해서 친구가 많았다. 예체능에 두루 관심이 있었지만, 음악 쪽은 돈이 드니 많이 배우지 못했다. 피아노를 치고 싶어서 철길 옆에 사시는 음악 선생님을 몇 번 찾아갔는데, 공짜로 배우는 것도 한두 번이지 미안해서 더는 못 배웠다. 그 대신 밴드부에 들어가 트럼펫을 분 것이 그나마 위안이었다.

운동은 돈이 덜 들어갈 것 같아서 테니스에 도전했는데, 그것도 은근히 비용이 들었다. 그래서 상대적으로 돈이 안 드는 배구, 농구, 축구를 했고, 축구는 학교 선수까지 했다. 학교에서 배운 기량으로 태권도는 3단까지 땄다. 그때는 중고등학교 수업만 잘 따라가도 음악이며 미술이며 체육이며 기본은 배울 수 있었다. 그런데 요즘은 입시 교육에 몰두하다 보니 청소년기에 예체능을 많이 익히지 못하는 것 같아 참으로 안타깝다.

────── 총학생회장의 새벽기도

고등학교 2학년 말쯤 되니 3학년 선배들이 나에게 총학생회장에 출마하라고 권했다. 그 당시 고3은 매우 어른스러웠고, 지금 생각하면 지방 도시의 '조폭 막내'처럼 보이는 형들도 제법 많았다. 그런 선배들이 내 등을 떠민 것이다.

"종만아, 네가 회장을 안 하면 누가 하나? 너는 진짜 회장감이다."

그 당시 매산고등학교는 남녀공학이었고, 야간 중고등학교도 있어서 전교생이 적어도 2천 명이 넘었다. 총학생회장이 되는 조건은 평균 성적 85점 이상이니 그거야 문제없었지만, 나 같은 시골애가 회장이 될까 싶었다.

"선배님, 저 같은 촌놈이 총학생회장이라니요? 저는 그런 거 할 생각이 애초에 없습니다."

나의 사양에도 불구하고 형들은 나를 밀어주며 선거운동을 했다. 나를 포함해 세 명이 출마했는데, 두 친구는 순천 시내 출신이었다. 그러니 선배들의 바람과는 달리 나는 내가 회장이 될 거라고는 생각조차 못 했다. 그런데 이게 웬일인가! 과반수가 안 되면 2차 투표를 진행하려고 계획했는데, 처음 투표에서 내가 3분의 2를 획득해 총학생회장에 당선된 것이다. 참샘마을 시골 소년이 매산고 총학생회장이 되니, 말 그대로 개천에서 용 났다고 다들 축하해 주었다.

총학생회장이 되고 나서 처음 한 일은 취임식 연설이었다. 매주 수요일마다 예배를 위해 전교생이 강당에 모였고, 거기서 연설을 해야 했다. 이래저래 준비해서 단 위에 올라 연설을 하려는데, 강당 뒤쪽 2층에 어머니가 와 계신 것이 아닌가! 어머니께는 당선 소식을 알리지 않았는데 어떻게 알고 그 자리에 오셨는지…. 어머니는 자랑스러워하며 나를 지켜보셨다.

지금 다시 그 시절로 돌아가더라도, 그때만큼 멋있게 생활할 수 있을까 싶다. 운동, 음악, 공부…, 정말로 뭐든 열심히 했다. 그중에서도 항상 놓치지 않았던 건 신앙생활이었다. 특히 새벽기도에 열심을 냈다.

내가 고등학교에 다닐 때 이모님이 순천 시내로 이사를 온 덕에 한동안 이모님 댁에서 지내며 학교에 다녔다. 이모님은 본인 아들만큼이나 나를 살뜰히 챙겨 주셨다. 이모님 댁에서 20분 거리에 순천동부교회가 있어서 나는 매일 동부교회로 새벽기도를 하러 갔다.

옛날에는 기도회나 예배 시간을 종을 쳐서 알렸다. 나는 새벽 4시면 이미 깨어서 공부하고 있다가 4시 반쯤에 종소리를 듣고 교회에 갔다. 근처에 교회가 몇 개 더 있어서 새벽이면 다들 종을 쳤는데, 교회마다 종 치는 시간이며 종소리가 조금씩 달랐다. 나는 동부교회 종소리를 구분해 듣고 집을 나섰다.

새벽기도회와 관련해 여러 추억이 있지만 아직도 기억에 남는 장면이 있다. 밤새 눈이 내려서 아무도 걷지 않은 하얀 눈길을 뽀득뽀득 밟으며 기도하면서 걸을 때 기분이 그렇게 좋을 수가 없었다.

Come

훗날 내가 다시 새벽기도를 서원하고 지금까지 단 하루도 빠지지 않고 새벽 제단을 쌓아올 수 있는 것도, 학생 때 새벽기도를 하던 습관이 남아 있기 때문인 듯하다. 내 평생에 가장 행복한 시간이 된 새벽기도 이야기는 뒤에서 한 번 더 이야기하겠다.

교회 가면 살길이 있습니다

아버지는 물론이고 어머니, 그리고 참샘마을 사람들은 모두 예수 믿는 분들이 아니었다. 어머니는 간절히 바라는 일이 있거나 하면 새벽 일찍 일어나 흰 그릇에 물을 담아 장독대 위에 올려놓고, 두 손을 비비며 천지신명을 부르셨다. [사람들은 그걸 '정한수'라고 불렀다. 표준말은 이른 새벽 우물(井)에서 뜬 물이라 하여 '정화수'(井華水)인데, 우리 어른들은 좌우간 그렇게 일컬었다.]

그런 집안에서 내가 가장 먼저 예수를 믿으면서 가족 모두 교회에 나가면 좋겠다는 소망이 점점 간절해졌다. 아버지를 전도할 자신은 없어서 어머니께 "교회 갑시다. 예수 믿어야 합니다"라고 애써 말했지만, 마을마다 있는 무당들 말만 듣지 내 말은 도통 듣지 않으셨다.

하루는 어머니가 아프다며 갑자기 드러누우셨는데 회복될

기미가 보이지 않았다. 며칠을 고열에 끙끙 앓기만 하지 좋아지지 않자 마을 어른들은 "네 엄마 죽는다" 하면서 관까지 짜고 장례 준비를 하셨다. 아무리 아파도 병원 가는 것은 엄두도 못 내던 사람들이었으니, '저러면 죽는다' 하고 포기했던 것이다.

하지만 내 생각은 달랐다. 왠지 의사 선교사들이 세웠다는 순천의 병원에 가면 어머니께서 사실 것 같았다. 아니, 하나님이 살려 주실 것 같았다. 그래도 감히 병원 가자는 말은 꺼내지 못했다. 의료보험도 없던 시절이니 돈이 없으면 큰 병원은 언감생심이었다. 사실 거기까지 모시고 가는 것도 큰일이었다.

그러던 중 교회 다닌다는 증명서 같은 것이 있으면 그 병원에서 선교사들이 무료로 고쳐 준다고, 학교에서 누군가 했던 말이 문득 생각났다. '교인 우대'쯤 되는 것일 테다. 어머니께 통사정을 했다.

"어머니, 교회 다니면 병원 가서 살길이 있답니다. 나랑 교회 가서 장로님한테 사정해 봅시다."

살고 싶은 마음에서 그러셨겠지만, 어머니는 결국 교회에 다니기로 약속하고 병원에서 치료를 받으셨다. 곧 죽을 거라던 어머니는 의사가 준 약을 몇 번 먹더니 바로 건강해지셨다. 지금은 백수를 바라보시는데, 칠십 넘은 아들보다 건강하고 음성도 쩌렁쩌렁하시다.

어머니가 처음 교회에 다닐 때는 시골에서 농사짓느라 주일이고 평일이고 구분을 못 해서 주일성수 개념도 없으셨지만, 서울로 이사를 오면서 깊어진 어머니의 신앙 덕분에 누이들도 하나둘 교회에 다니기 시작해 아버지 빼고는 모두 신자가 되어 갔다.

내성적이고 무뚝뚝한 아버지에 비해 어머니는 사회성이 좋고 유별난 분이었다. 산골에서 태어나 학교는 못 다녔어도 적극적인 성격에 지혜도 많으셨다. 면사무소에서 구호품으로 밀가루를 한 포대씩 나눠 주곤 했는데, 넉살 좋게 두 포대를 받아 오시기도 했다.

"내 아들 종만이가 나중에 크게 될 겁니다. 그때 갚을 테니 우리 집은 두 포대를 주세요."

이런 걸 보면, 나는 집에서나 밖에서나 말이 거의 없으셨던 아버지보다 어머니를 더 닮은 것 같다.

어머니는 기도 은사와 영권(靈權)도 대단하시다. 다만 글을 못 배우셔서 나이 육십이 될 때까지 성경을 읽지 못하셨다. 하지만 목사님을 따라서 성경을 읽고 찬송가를 부르면서 글자를 그림으로 이해하고 기억해 한글을 깨치셨다. 이제는 성경을 줄줄 읽으신다.

끝내 신앙을 갖지 않으셨던 아버지가 66세, 돌아가시기 딱

일주일 전에 나를 부르셨다.

"종만아, 혹시 교회 목사님 좀 만날 수 있느냐?"

너무나 반가웠다. 어머니가 다니시던 교회에 연락을 드렸더니 젊은 목사님이 곧장 달려오셨다. (지금은 신월동성결교회 원로목사가 되신 고용복 목사님이시다. 그때는 천막에서 교회를 개척하고 있었다.) 목사님이 아버지께 물으셨다.

"예수님을 생명의 구주로 영접하시겠습니까? 돌아가셔도 천국에 가실 것을 믿습니까? 믿으면 아멘 하세요."

목사님의 말씀에 아버지는 "아멘, 아멘"이라고 답하셨다. 그리고 일주일 뒤에 돌아가셨다. 임종 전도를 하신 고 목사님은 아버님의 염까지 해주고 장례도 치러 주셨다. 그렇게 해서 온 가족이 천국 백성이 되었다.

주 예수를 믿으라. 그리하면 너와 네 집이 구원을 받으리라
(사도행전 16:31).

4
모든 일을 주께 하듯 하라

부모님은 내가 제대할 무렵, 그러니까 아버지가 돌아가시기 전에 이미 서울 신월동으로 이사를 와서 어렵게 살고 계셨다. 나이가 들어 농사일도 힘에 부쳤고, 동생들 교육 때문이기도 했다. 그때 나는 휴학한 대학교에 다시 다닐 마음도 없고 해서 신발공장에 취직했다가 그만두고, 공무원 시험을 준비하고 있었다. 부모님을 서울에서 모시려면 돈을 벌어야 했는데, 딱히 취직할 만한 곳이 없었다. 무엇을 배우고 익히려고 해도 시내에 갈 차비가 없어서 거의 집에 있어야 했다.

경비원 아저씨의 교훈

신발공장에 다닐 때 이야기를 하자면 이렇다. 처음엔 서울에서 일을 했는데, 대전의 공장으로 발령이 났다. 연고지가 아니라 묵을 곳이 없어서 공장 경비원들이 생활하는 수위실 구석에서 쪽잠을 자며 일했다. 하숙을 구할 형편도 못 되었다. 잠자리가 불편해 잠도 잘 안 와서 새벽에 일어나 혼자 기도하곤 했다. 내가 하던 일은 기계가 운동화를 만들어 내면 실밥을 정리하는 단순 작업이었다. 열심히 일을 하면서도 '이 일을 언제까지 해야 하나' 고민이 깊었다.

그날도 잠이 안 와서 새벽 두세 시쯤 눈을 뜨니 창문으로 달빛이 내리고 있었다. 달빛 때문에 공장 마당이 환했다. 그런데 뭔가 움직이는 모습이 보이고 슥슥 소리가 났다. 귀신인가 싶어 잠시 놀랐지만, 다행히 같이 주무시던 경비원 아저씨였다. 그 새벽에 일어나 혼자 공장 청소를 하고 계셨던 것이다.

"이 새벽에 주무시지도 않고 청소를 하고 계세요? 아무도 안 보는데요."

그러자 그분이 씩 웃으며 말씀하셨다.

"회사를 깨끗하게 만드는 게 너무 좋아서 그래. 누가 보든 안 보든, 알아주나 안 알아주나 말이야."

감동이 됐다. 잠시 잊고 있던 열정과 꿈이 다시 살아나는 기분이었다. 이때의 기억이 교훈이 되어, 훗날 무슨 일을 하든지, 누가 보든지 보지 않든지 그 경비원 아저씨처럼 열심히 일을 했던 것 같다.

무슨 일을 하든지 마음을 다하여 **주께 하듯 하고** 사람에게 하듯 하지 말라(골로새서 3:23).

여러 이유로 대전 신발공장에서는 오래 일하기가 어려웠다. 그래서 공무원 시험 준비를 해보려고 서울에 올라와 있었는데, 우리 집 형편을 아는 선배 한 분이 일자리를 소개해 주셨다. 미국계 무역회사를 다니던 그 지인은 우리나라 회사들과는 달리 그곳은 학력을 안 보니 지원해 보라고 권했다.

──── **GE와의 첫 만남**

나는 대학을 졸업하지 못했다. 고졸 학력이 전부이다. S대학에 지원했는데, 그만 떨어지고 말았다. 불합격 발표를 확인하고 무작정 버스를 타고 달리던 날, 차창 넘어로 K대학이 보였다. 1차, 2차로 대학 시험을 보던 때라 마침 K대학에서 신입생 모집을 하고 있었다. 문과를 공부했지만, 이번에는 이과에 지원하고 싶어서 전기공학과에 원서를 내고 시험을 치러 합격했다. 그런데 1, 2학년 내내 전공 수업은 없고 교양 과목만 듣다 보니 재미가 없어 휴학을 하고 입대했다. 제대 후 집안 형편상 돈을 벌어야 해서 복학을 안 하고 선배가 소개해 준 그 회사에 면접을 보러 갔다.

그때는 무역이 뭔지 전혀 몰랐다. 그렇다고 포기할 수도 없었다. 흔한 말로 밑져야 본전인데, 면접은 보게 해준다니 일단 가보기로 했다. 본사가 미국에 있는 회사로, 전 세계 각국에 지사를 두고 미국의 듀퐁, IBM, HP, GE 등 당시 세계적으로 유명한 회사들의 제품을 여러 나라에 판매하는 일종의 종합무역상사였다. 시골 출신에 대학도 못 나오고, 연줄도 없는 나 같은 사람을 뽑아 줄까 싶으면서도 내 안에 묘한 자신감이 있었다.

그때만 해도 외국계 회사는 선망의 직장이었다. 능력 위주로 사람을 평가하고, 이미 주5일 근무제를 실시하고 있어서 자기 일만 열심히 하면 쉬는 날도 보장돼 있었다. 무엇보다 주일성수를 하는 데 아무 문제가 없었다!

루마니아 출신 미국인 사장 저스틴 포퍼가 영어로 면접을 하면서 입사하게 되면 내가 어떤 일을 해야 하는지 설명을 해주었다. 나는 그에게 당당하게 말했다.

"당신이 나를 뽑으면 결코 후회하지 않을 것입니다."

나의 당돌한 대답에 그가 물었다.

"당신을 뽑으면 내가 왜 후회하지 않게 되죠?"

"그 일을 아주 잘해 낼 자신과 열정이 있습니다. 열심히 해 보겠습니다!"

다른 사람들이 듣기에는 매우 뻔한 말이었지만, 정말 자신이 있었다.

그걸로 면접은 끝난 줄 알았는데, 한국인 전무라는 분이 나를 다시 면접하겠다고 했다. 미국인 사장 눈에 내가 매우 열정적으로 보여서 좀 더 구체적으로 알아보고 싶어 한국인 면접관을 붙인 것이다.

"저 미스터 백이라는 친구, 굉장히 어그레시브(적극적)하고 패션(열정) 있어 보이는데, 자격은 좀 못 미치지만 괜찮을 것 같으니 전무님이 한번 만나 보세요."

그렇게 만난 분이 훗날 나를 싱가포르로 출장을 보내 주고 성장하도록 도와주신 심영섭 전무님이다. 심 전무님도 포퍼 사장님과 동일한 평가를 함으로써 마침내 나는 그 회사의 사원이 되었다. 하늘을 날 듯 기뻤다.

나는 곧 제너럴일렉트릭(GE, General Electric) 담당 사업부에 배치됐다. GE는 발명왕 토머스 에디슨이 설립한 전기조명 회사를 모체로 성장한, 당시 세계 최대의 글로벌 기업이었다. 나중에 알고 보니 GE 담당 사업부를 총괄하고 계신 분이 심 전무님이었다. 본인 밑으로 나를 데려가신 것이다. 오늘까지 파트너로 일하고 있는 GE와의 인연은 나도 모르는 사이 그렇게 시작이 되었다.

말단 사원의 초고속 승진

심 전무님 밑에서 일하면서 무역 업무를 제대로 배울 수 있었다. 심 전무님 나이가 그때 50대 중반이라 나를 편하게 여겨, 미국계 회사임에도 '미스터 백'이라 부르지 않고 '백 군'이라 부르곤 하셨다. 아무것도 모르고 입사한 그곳에서 나는 놀라운 경험을 했다. 기술 영업과 무역 업무가 내 적성에 딱 맞는다는 것을 알게 되었다! 매일 '나하고 이렇게 잘 맞는 일도 있나?' 하며 출근할 정도였다.

직장 초년생의 일 년이 금세 지나갔다. 1980년에서 1981년 무렵이었다. GE는 잭 웰치가 회장으로 취임하면서 혁신의 바람을 일으키고 있었다. 싱가포르에서 전 세계 GE 파트너 회사들을 모아 경영 전략과 아이디어를 공유하는 콘퍼런스를 연다는 소식이 들렸다. 하지만 그것이 나와 무슨 상관인가. 그곳에는 심 전무님이 가실 텐데. 나 같은 말단 중의 말단에게는 그저 먼 나라 이야기였다.

그러나 사람 일은 한 치 앞도 예상 못 한다. 내가 심 전무님을 대신해 바로 그 자리에 가서, 각 나라 대표 앞에서 프레젠테이션을 하게 되었으니 말이다. 심 전무님 건강에 문제가 생겨 먼 곳까지 출장을 갈 수 없어 나한테 대신 다녀오라고 명한 것이다. 전무님이 출장 명령을 내리긴 했지만, 나는 말단 사원이었고 위로 선배들도 많아 눈치도 보이고 긴장이 되었다. 기도가 저절로 나왔다.

당시 한국 회사들은 토요일 일요일도 없이 일했다. 하지만 외국계 회사는 주5일 근무에 연봉도 다른 대기업보다 훨씬 많았다. 열심히 한다고 해서 누가 더 알아주지도 않고 특별히 실적 체크도 하지 않아서 자기 할 일만 잘 끝내고 주말에는 쉬는 분위기였다. 하지만 나는 성에 차지 않았다. 일이 재미있어 다른 사람들보다 조금 더 해냈고, 성과를 내니 보너스까지 두둑이 받을 수 있었다. 나는 우리나라에서 기술 영업을 제일 잘하는 사람이 되고 싶었다. (아쉽게도 첫해에 모은 돈은 사기를 당해 모두 잃었다. 그 이야기는 뒤에서 나누겠다.)

평소 더 알고 싶었던 업무를 공부하고 다음 주에 할 일도 정리할 겸 해서 나는 토요일에도 거의 출근을 했다. 스펙으로는 하나 내세울 게 없는 내가 그 회사에서 살아남으려면 남보다 뭐든 하나라도 더 많이, 더 열심히 해야 한다는 마음 때문이었다.

그러던 어느 토요일, 영업 준비도 하고 싱가포르 출장도 준비하려고 평상시처럼 혼자 출근을 했다. 아무도 사무실에 오지 않을 날이었다. 그런데 사무실 문이 스르르 열리더니 머리가 하얀 외국인 노신사가 들어왔다. 그리고 나에게 물었다.

"왜 회사에 직원들이 아무도 없지요?"

"오늘은 토요일이라서 근무가 없습니다."

"나는 이 회사의 미국 본사 회장 헤르니무스입니다. 그러면 당신은 토요일인데 왜 출근을 했지요?"

나는 깜짝 놀라 벌떡 일어섰다. 한국식으로 꾸벅 인사를 한 다음 그의 질문에 답했다.

"저는 백종만(Jong-man Bek)입니다. 영어 이름은 존 백(John Bek)이고요. 토요일이지만 회사가 너무 좋고 제가 하는 일이 재미있어서 이렇게 나와서 일하고 있습니다!"

그가 묘하게 웃더니 내 이름을 수첩에 적었다. 그리고 며칠 후, 나는 말단 사원에서 부장급인 매니저로 단박에 초고속 승진을 했다. 대리, 과장, 차장 같은 단계별 직급을 뛰어넘어 바로 팀장(매니저)이 된 것이다. 전 세계 80개국에 지사를 둔 회장의 지시가 있었기에 일사천리로 진행됐던 것 같다. 그 덕분에 말단 사원이 아니라 매니저라는 충분한 자격을 가지고 싱가포르 출장을 가게 되었다. 내 노력이 아니라 오직 그분이 하신 일이다.

너는 마음을 다하여 여호와를 신뢰하고 네 명철을 의지하지 말라. 너는 범사에 그를 인정하라. **그리하면 네 길을 지도하시리라**(잠언 3:5-6).

5
산골 소년, GE 파트너가 되다

싱가포르에 도착한 나는 80개 국가에서 온 120여 명 앞에서 3분가량 두렵고 떨리는 마음으로 프레젠테이션을 했다. 내 차례가 돌아와서 하긴 했지만, 긴장을 많이 한 탓에 잘했는지 못했는지 평가할 겨를도 없었다. 한국 대표로서 일단 내 역할은 마쳤으니 한시름 놓일 뿐이었다.

발표를 마친 날 저녁, 콘퍼런스 파티가 있었다. 나는 다른 사람들과 조금 떨어져 음료수를 홀짝거리고 있었다. 한국 사람은 나뿐이고 술도 마시지 않으니 딱히 어울릴 만한 사람이 없었다. 그때 한 신사가 내게 다가와 자기소개를 했다. 조지 스타타키스(George Statakis)라고, GE 본사의 부회장이었다. 그날 파티에 모인 GE 관계자 중에서는 최고위직 인물이었다. 그런 분이 말을 걸어오니 프레젠테이션을 할 때보다 심장이 더 뛰었다. 하지만 염려와 달리 내게 칭찬부터 해주었다.

"미스터 백! 당신이 발표하는 내용을 듣고 깜짝 놀랐습니다. 발표한 내용이 웰치 회장님이 종종 우리에게 해결 방법을 강구해 보라는 문제였습니다. 그런데 놀랍게도 당신이 그 솔루션을 제시하고 있더군요. 우리가 사우디 같은 데 가서 아무리 영업을 해도, 결국 프로젝트 턴키(일괄) 수주는 당신네 한국의 건설사들이 하게 되니까요. 그렇다면 당신이 아예 우리 GE를 대신해서 그 사업을 직접 해보는 건 어떻습니까?"

그의 말을 듣는 순간, 머리가 멍해졌다. 이제 고작 서른 즈음이던 때, 아직 경험도 전문 지식도 없는 내게 GE 부회장이 사석에서 파트너 제안을 했으니 말이다.

GE 부회장의 제안

서둘러 정신을 차리고서 그날 했던 발표를 머릿속에 복기해 보았다. 대략 이런 내용이었다.

'오일 머니 호황으로 중동에 건설 붐이 일고 있고, 앞으로 건설 경기는 계속 좋아질 것이다. 당연히 발전소와 석유화학 프로젝트를 계속 지어 갈 것이고, 전력 시설이 그만큼 필요하게 된다. 이것은 GE에게 아주 좋은 기회이다. 프로젝트는 중동에 건설되지만 시공이나 자재 구매는 그 프로젝트를 수주한 회사들(당시 Contactor라고 칭했다)이 수행한다. 거의 모든 프로젝트 수주를 한국 건설사들이 하고 있다. 그래서 모든 자재 구매가 한국에서 이루어진다. 그러니 GE가 중동을 상대로 영업하기보다 그 프로젝트를 일괄로 수주한 한국 건설회사가 있는 한국으로 영업 방향을 틀어야 한다.'

요약하면, 제3국을 통한 무역 개념이었다. 지금 관점에서는 단순한 아이디어이지만, 국제 사회에서 보잘것없던 당시 한국의 이미지를 고려하면 참으로 신선한 영업 전략이었다. 그 내용을 GE 부회장이 좋은 전략으로 생각하고, 그 일을 직접 해보지 않겠느냐고 제안을 한 것이다.

하지만 그의 제안이 내가 직접 사업을 시작해야 한다는 뜻이라는 걸 처음에는 얼른 이해하지 못했다. 상상도 못한 엄청난 제안이었기 때문이다. 조금 뒤에야 한국 파트너가 되라는 말임을 깨닫고 손사래를 쳤다.

"저는 사업할 능력도 경험도 자본도 없습니다."

내 말을 들은 조지 스타타키스 부회장은 알았다면서 다시 연락하겠다는 말을 남기고 사라졌다.

출장에서 돌아와 업무에 복귀하면서 나는 이런저런 일들을 처리하느라 그 일을 까맣게 잊고 있었다. 그리고 보름쯤 지났을까. 미국 GE 본사의 변호사 두 명이 나를 찾아왔다며, 시내

호텔에서 만나자는 연락을 해왔다. 내가 다니던 무역회사의 일 때문이 아니라, 오로지 나를 만나러 왔다고 했다.

YPP의 전신, 영풍물산을 시작하다

미팅 장소는 소공동 조선호텔에 있는 나인스게이트 레스토랑이었다. 내 인생에서 가장 인상적인 장소라 여태 그 이름이 잊히지 않는다. 선임 변호사 한 명이 내게 이런저런 제안을 했고, 다른 한 명은 옆에서 필기를 하며 무슨 문서를 만들고 있었다. GE 잭 웰치 회장의 재가를 받은 본사 수석 변호사들이 한국의 대기업도 아니고 일개 무역회사 사원에게 사업 계약을 제안하러 날아온 것이다. 선임 변호사가 물었다.

"미스터 백, 당신이 우리 GE의 한국 파트너가 되면 좋겠습니다. 당신이 한국에서 사업을 시작하려면 얼마가 필요합니까? 우리가 얼마를 지원해 주면 되겠습니까?"

내게 사업 자금을 대주겠다는 말이었다. 어안이 벙벙했다. 백만 달러면 될까 하다가 그 절반 정도면 시작할 수 있을 것 같아 염치 불고하고 제안했다.

"50만 달러면 충분할 것 같습니다."

"몇 년간 지원해 주면 독립할 수 있겠습니까?"

대략 2년이면 자리를 잡을 수 있을 것 같아서 2년이면 되겠다고 답했다.

"미스터 백, 그럼 2년간 그 돈을 24개월로 나눠 매달 입금하겠습니다."

그러더니 수기로 작성한 문서를 보여 주었다. 옆에 있던 변호사가 대화 내용을 정리해 즉석에서 만든 계약서였다. 읽어 보고 동의하면 사인을 하라고 했다. 계약서의 주요 내용은 내가 GE의 한국 컨설턴트가 되는 것이었고 특별한 조건은 없었다. 월급쟁이로 돈 좀 벌어서 잘해야 분식집이나 차릴 생각을 하고 있었는데, 국제적 기업의 파트너가 되다니…. 정말 한 번도 상상하지 못한 일이었다. 떨리는 손으로 계약서에 사인을 했다.

이렇게 해서 1982년 1월 1일, YPP의 전신인 '영풍물산'이 시작되었다. 불과 30대 초반 젊은 나이에 글로벌 기업 GE의 한국 파트너이자 무역회사 대표가 된 것이다.

내가 GE의 파트너가 되어 회사를 설립하고 독립하면 다니던 회사의 GE 관련 일이 사라질 수밖에 없었다. 일이 이렇게 진행된 전후사정을, 나를 아끼던 심 전무님과 회사도 충분히 알고 있었다. 내가 GE에 손을 내민 것이 아니라 그들이 나를 찾아와서 지명한 것이라서 다행히 오해는 없었다. GE 업무를 관장하던 심 전무님은 훗날 그 무역회사의 한국 대표가 되었다.

내가 해야 할 일은 쉽게 말해 GE의 한국 에이전시 업무였다. 주로 한국의 대형 건설사들을 상대로 영업을 하는 것이었다. 내게 50만 달러를 지원해 준 GE는 우리 회사를 통해 일 년 만에 1억 달러의 매출 실적을 얻을 수 있었다. 실적이 계속 좋아서였는지, 미국 GE 사보에 내 이야기가 소개되기도 했다. 정말이지 열심히 일했다. 당시 국내 대형 건설사 가운데 만나 보지 않은 관계자가 없을 정도였다.

사업 초기에 만난 모 대기업의 구매 담당 임원 가운데 훗날 대통령이 된 분이 있다. 그분이 대통령일 때, 나는 '대한민국의 강한 중소기업' 대표 100인에 뽑혀 청와대 영빈관에 초대되었다. 순서에 따라 악수를 하면서 조용히 이렇게 인사를 건넸다.

"새벽마다 대통령님 위해 기도하고 있습니다."

그러자 멈칫하며 나를 바라보았다. 단체 촬영을 할 때는 굳이 나를 불러 본인 오른편에 세웠다. 과거의 나를 기억해서 그런 것 같지는 않았지만, 그처럼 귀한 자리에서 대통령이 나를 옆에 세운 건 대단한 배려라고 생각한다. '기도하고 있다'는 나의 신앙적 언급이 인상적이어서 그렇게 한 것이 아닌가 싶다. 사실 내 말은 그저 인사치레가 아니었다. 나는 새벽마다 수많은 사람들을 위해 기도하는데, 대통령님도 그 안에 있었다. 그리고 지금도 여전히 나라와 민족, 위정자들을 위해 힘써 기도한다.

────── GE의 약속

나의 주요 업무는 대형 프로젝트에 들어가는 전기 설비를 GE로부터 공급받아 패키지로 묶어 영업하는 것이었다. 요즘에는 한국 기업들에서도 여러 전기 관련 제품을 많이 생산하지만, 1980년대에는 공사 현장에 들어가는 전기 설비 시장을 GE 제품이 지배하고 있었다. 그러니 당시 영풍물산의 사업은 독점이라 해도 과언이 아니었다.

젊은 30대 사장이 국제적 기업의 한국 파트너가 되자 업계에는 이상한 소문이 돌았다.

"영풍물산의 백종만 사장은 보나 마나 미국 유학을 다녀온 재벌 2세일 거야. 그러니 GE 중역들과 인맥을 맺고서 어마어마한 독점 사업권을 따낸 것이지, 다른 이유가 있겠어!"

내가 미국 유학파에 인맥을 동원해 사업권을 따냈다는 소문이 돈다는 말을 우연히 듣고는 헛웃음이 나왔다. 전라도 순천 촌놈에 대학도 졸업 못 했고 부모님은 서울 외곽 사글세방에서 어렵게 살고 있는데, 요즘 하는 말로 '금수저'로 오해를 받은 것이다. 하긴 그런 소문이 날 법도 했다. 나를 향한 GE 본사의 지지와 인정이 남달랐기 때문이다.

하루는 GE 본사에서 사장급 임원이 시장조사도 할 겸 해서 나를 만나러 입국했다. 그가 김포공항에 도착할 시간에 맞춰 마중을 나갔는데 한참이 지나도 입국장에 나타나지 않았다. 뭔가 문제가 생긴 것 같았지만 알아볼 방법이 없어 그날은 일단 회사로 돌아갔다.

다음 날 아침, 사무실로 전화가 왔다. 그의 전화였다. 지금 서울 S그룹 회장 비서실에 있다면서, 어제는 그 회사 사람들이 공항 VIP 통로로 자기를 데리고 나가는 바람에 연락을 못 했다고 해명했다. 말하자면, 대기업에서 그를 빼돌린 것이다. 하늘이 노랗게 변하는 것 같았다. 하지만 그는 이내 나를 안심시켰다.

"미스터 백, 염려하지 말아요. 우리가 당신을 배신하는 일은 없을 것입니다."

그러면서 어제 S그룹 회장에게 건넨 이야기를 전했다.

"S그룹 회장에게 이렇게 말했어요. '미스터 백은 우리가 키운 사람이나 다름없습니다. 우리는 그 사람과의 신뢰 관계를 결코 깰 수 없습니다. 당신들이 훨씬 큰 기업 조직을 활용해 더 많은 매출을 약속한다고 해도, 우리는 미스터 백하고만 사업을 계속 해나갈 것입니다.'"

　미국 사업가들은 우리와 좀 다른 측면이 있다. 일단 신뢰 관계가 형성되면 상대가 배신하지 않는 한 결코 먼저 배신하지 않는다. 나 또한 GE와 파트너 관계를 맺은 이후 지금까지 단 한 번도 약속을 어긴 적이 없다. GE가 맺은 전 세계 파트너 가운데 평점이 좋은 기업을 선정해 해마다 시상을 하는데, YPP가 무려 10년간 1위 자리를 놓치지 않았을 정도이다. GE에서는 나를 '전설적인 파트너'라고 일컫는다. 서로 신뢰하니 대기업조차 나와 GE 사이에 끼어들 수 없었던 것이다.

　요즘에는 전력계통(electric power system) 설비의 국산화가 많이 이루어졌지만, 당시만 해도 GE 제품은 독보적이었다. 당연히 국내 대기업들이 사업권에 눈독을 들일 수밖에. 그럼에도 불구하고 GE 측에서 나를 이처럼 싸고도니, 대표가 재벌 2세라는 둥 미국 유학파라는 둥 이상한 소문이 떠돈 것이다.

　나는 하나님이 도와주시고 역사하시지 않았다면 이 모든 일은 불가능했다고 믿는다. 내가 아무리 노력했다 한들, 어떻게 인간의 노력만으로 이런 일이 가능하겠는가? 성경이 말씀한 그대로이다.

　너희는 가만히 있어 내가 하나님 됨을 알지어다. 내가 뭇

나라 중에서 높임을 받으리라. 내가 세계 중에서 높임을 받으리라(시편 46:10).

──── 도전하되 하나님보다 앞서지는 말라

다시 강조하지만, 내가 지금 이 자리에 있게 된 것은 오직 하나님의 은혜이다. 실제로 내가 한 건 아무것도 없다. 금수저도 아니었고 세상 기준으로 볼 때 공부도 많이 하지 못했다. 하지만 작은 자가 천 명을 이루고 약한 자가 강국을 이루는 것(이사야 60:22)이 하나님나라의 원리임을 나는 믿는다. 내가 이런 일을 감당할 수 있었던 단 한 가지 이유는 하나님께서 지혜와 지식을 주셨기 때문이다.

지금도 GE 본사에서 주요한 사업 분야를 맡은 이들이 내게 연락을 해온다. 한국에 출장 오는 GE 임직원들은 우선 나부터 만나려고 한다. 최근에 한 임원은, 주변에 수많은 석학들이 있을 텐데 한국의 수소산업에 대한 전망을 내게 질문했다. 수소자동차에 쓰이는 것들을 확대하면 수소발전이 된다. 이것은 현재 YPP가 연구하는 분야이기도 해서 내 생각을 말해주니 그가 깜짝 놀랐다.

우리나라의 기술 전문가들이 한국의 최고 대학 출신이듯,

GE 중역들도 대개는 하버드나 MIT에서 공부한 석·박사들이다. 그런데 자기들이 미처 생각하지 못한 것을 미스터 백이 알려 주었다며 놀라워한다. 내가 미국에 들어갈 때면 그들은 나를 따로 불러내어 이야기를 나누고 싶어 한다.

내가 잘나서 된 일이 아니다. 하나님께서 지혜를 주시고 때마다 사람을 붙여 주셔서 40년이 넘도록 나와 회사를 지키고 성장시켜 주셨다. 하나님이 하신 일이기에 나는 모든 것을 하나님 중심으로, 하나님의 뜻 우선으로 생각하려 애쓴다. 그 기초에는 하나님께 '묻는 기도'가 있다.

YPP가 40년을 이어 오면서 대기업으로 커나갈 기회가 몇 번 있었다. 그러려면 약간의 변칙이 필요했다. 그런 제안이 올 때마다 나는 변칙은 안 된다고 거절했다. 천천히 가도 바르게 가겠다는 것이 나의 대답이었다. 될 일이면 하나님이 허락하실 거라는 믿음이 있었다. 그러니 하나님보다 앞서지 않겠다고 생각했다.

내 성격은 항상 진취적이고 적극적이며 도전적이어서 앞서지 않고 천천히 하는 것이 사실 쉽지 않다. 하지만 중요한 결정을 내려야 하는 고비마다 하나님께 묻고 묻고 또 물었다. 그래야 하나님을 좇아갈 수 있기 때문이다. 그러다 보니, 어떤 일을 마무리할 때마다 내가 아닌 하나님이 그 일을 하셨음을 확인하고 느낄 수 있었다. 그리고 솔직히 내가 하나님보다 앞서서 할 수 있는 일이란 아무것도 없다. 어떻게 전능하신 하나님보다 앞설 수 있겠는가.

회사를 경영해 오는 동안 숱한 고난을 겪었다. 우리 회사는 여기까지인가 보다 하고 전 직원이 낙심했던 날도 많았다. 하지만 그럴 때마다 하나님은 사람을 보내시고 기적을 베푸셨다. 그러다 보니 직원들 사이에 이런 말이 오간다며 누군가 귀띔해 주었다.

"회사가 어렵지만 우리 회장님은 또 헤쳐 나가실 거야. 지금까지 그래 오셨던 것처럼."

"우리 회장님은 누군가 확실히 도와주는 분이 계신 게 틀림없어."

정말 그렇다. 그들 말이 맞다. 내 뒤를 봐주는 확실한 한 분이 날마다 때마다 나와 우리 기업을 도와주신다. 그 하나님께서 우리 각 사람을 도와주신다는 것을 그들도 진실로 믿으면 좋겠다. 그렇다고 직원들에게 하나님을 믿으라고 부담을 주고 믿음을 강요하고 싶지는 않다. 회장이 말로 전해서 그들이 예수를 믿는다면 몇천 번은 말했을 것이다. 하지만 말이 아니라 행동으로, 예수님이 '와서 보라' 하신 것처럼 실천으로 복음을 전하고 싶다.

몇십 년을 내 곁에서 비서로 일하면서 이사 직급을 받은 직원이 있다. 결혼할 때 주례를 부탁해서 가보니 하객 가운데 스님들이 아주 많았다. 불교신자인 그녀를 위해 나는 지금도 기도할 뿐이다. 언젠가 예수님을 만나게 되기를! 내가 회사를 경영하면서 한 사람 한 사람을 얼마나 소중히 여기며 난관을 헤쳐 나가는지를 임직원들이 보고서 내 뒤에 계신 하나님을 만날 수 있기를 오늘도 기도한다.

다행히 직원들도 이런 내 마음을 헤아리고 있는 듯하다. 회사 일이 잘될 때 기뻐하는 것 이상으로 직원들이 하나님을 알게 될 때 내가 기뻐한다는 사실을 그들도 알고 있다. 회사가 위기에 처해 매우 낙심해 있던 어느 날, '어떻게 하면 회장님의 기분을 좋게 해드릴까' 고심하던 한 임원이 엉뚱하게도 내게 이런 말을 했다.

"회장님, 저 성경공부하기로 했습니다."

어느 소식보다 반가웠다. 그는 예수 믿는 사람도 교회 다니는 사람도 아니었다. 그런 그가 성경공부를 하다니! 그는 내가 무엇을 가장 기쁘게 여기는지를 알아챘던 것이다. 그는 요즘 수소발전소 사업을 개발해 정부가 발주하는 프로젝트들을 수주하고 있다.

자전거 전조등이 나가 앞이 캄캄하고 아무것도 보이지 않을 때 호롱불을 들고 나를 기다려 주신 육신의 아버지처럼,

나의 하나님 아버지는 인생 고비마다 달려나와 나를 기다려 주셨다. 그리고 여전히 갈 길을 인도하고 보호하고 지키신다. 나뿐 아니라 우리 기업도 지켜 주고 계신다. 나의 가장 큰 소원은 우리 직원들은 물론 함께 일하는 모든 동반자, 그리고 이 책을 읽고 있는 독자들이 하나님을 만나는 것이다. 살아계셔서 우리를 보호하시는 하나님을 꼭 만나시기를 간절히 바란다.

AND

아무것도 염려하지 말고
다만 모든 일에 기도와 간구로,
너희 구할 것을 감사함으로 하나님께 아뢰라.
빌립보서 4:6

6
두 번의 용서

그때에 베드로가 나아와 이르되 "주여, 형제가 내게 죄를 범하면 몇 번이나 용서하여 주리이까? 일곱 번까지 하오리이까?" 예수께서 이르시되 "네게 이르노니 일곱 번뿐 아니라 일곱 번을 일흔 번까지라도 할지니라"(마태복음 18:21-22).

직원이든 거래처든, 사업을 하려면 사람을 믿어야 한다. 사람을 믿지 못하면 사업을 할 수 없다. 나만 믿어서는 안 되고 상대도 나를 믿어 주어야 한다. 서로가 서로를 믿어야 한다. '신용'(信用)이 필요하다. 그런데 그 믿음이 깨질 때가 있다. 우리는 이것을 두고 배신(背信)당했다고 한다. 배반한 상대를 용서하기란 참으로 어렵다. 그에 대한 내 믿음이 허무해지는 탓이다.

기업가로 인생을 살면서 크고 작은 배신을 경험했지만, 인생에서 지울 수 없는 두 사건이 있다.

──────── 첫 번째 사건

앞에서도 짧게 언급했듯이, YPP를 시작하기 전 직장생활을 하면서 모은 돈을 지인의 사업에 투자했다가 찾지 못한 일이 있다. 지인이 제안한 사업에 동업 개념으로 돈을 맡겼는데, 그가 회사를 정리하고 잠적해 버렸다. 사기를 당한 것이다. 현실 같지 않았다. 믿는 도끼에 발등 찍힌다는 속담이 내 이야기가 될 줄 어찌 알았겠는가!

첫 직장인 미국계 무역상사를 다니며 나는 봉급 외에 제법 많은 상여금을 탔다. 영업자들이 수주를 받아 오면 회사에서 인센티브를 주었는데, 내 영업 실적이 좋아서 신입사원치고는 꽤 많은 돈을 모았다. (당시만 해도 외국계 기업에 다니면 웬만한 대기업 직원 부럽지 않았다.) 회사를 다닌 지 일 년 정도 됐을 때, 한 지인이 나를 찾아왔다. 좋은 사업 아이템이 있는데 투자해 보지 않겠느냐고, 사후관리는 자기가 전부 알아서 하겠다고 약속했다.

영등포에 사무실을 마련하고 사업을 맡겼다. 나는 5천만 원을 투자했고, 경영은 그가 도맡아 했다. 1981년이었으니,

집을 장만할 수 있을 만큼 큰돈이었다. 그런데 사업을 시작한 후 연락 주기가 점점 길어지고 소식이 뜸했다. 6개월쯤 지나 사무실에 가보니 회사를 정리하고 사라져 버린 것이 아닌가! 그 사무실에는 다른 회사가 들어와 있었다. 신용이 있다고 생각해 믿고 맡긴 건데, 그런 사람에게 속았다고 생각하니 감정이 복잡했다. 불같은 분노와 깊은 부끄러움이 회오리바람처럼 뒤섞였고, 사라진 내 돈과 함께 심장까지 털린 기분이었다. 한창 젊을 때라 충격이 이루 말할 수 없이 컸다. 그 돈이 어떤 돈인데….

서둘러 그를 수소문했다. 그러나 이미 사라진 뒤였다. 그를 봤다는 사람도 없었다. 하지만 나는 그를 꼭 찾고 싶었다. 돈 때문이 아니었다. 돈은 다시 벌면 됐다. 나는 돈보다 사람에 대한 믿음을 잃은 것이 더 견디기 어려웠다. 그를 찾아서 왜 배신했는지, 왜 그렇게 해야 했는지 묻고 싶었다. 하지만 몇 년이 지나도록 그에 대한 소식은 들리지 않았다.

그러는 사이 GE 한국 파트너로 발탁된 나는 영풍물산을 시작해 정신없는 시간을 보냈고, 덕분에 그에 대한 기억도 점점 희미해지고 있었다. 전광석화처럼 시간이 지나 그가 잠적한 지 4년째 되던 해 추석, 나는 연휴에 맞춰 미국 시카고로 비즈니스 출장을 갔다.

추석 다음 날이 내 생일인데, 타국에서 혼자 생일을 맞이하니 문득 한국 음식이 그리웠다. 묵고 있던 호텔 주변에 '미원'이라는 한국 식당이 있어서 그곳을 찾았다. 테이블이 몇 개 되지 않아 동네에 있는 작은 분식집에 온 듯했다. 남자 혼자 자리를 잡고 앉자 주인아주머니가 송편을 내오셨다.

"한국에서 오신 분 같은데, 추석이라 서비스로 드립니다."

주인이 내 생일을 알고 준 것은 아니지만, 생일상을 받은 듯해 뭉클했다. 송편을 입에 넣고 우물거리는 동안 이 생각 저 생각이 떠올랐다. 내 돈을 가지고 도망간 그 사람도 참 오랜만에 생각이 났다.

'나는 이제 사업도 하고 미국까지 출장을 왔는데, 그는 어디서 무얼 하고 있을까?'

바로 그 순간이었다. '그'가 나타난 것이!

식당 문이 열리고 한 사람이 들어오려다가 얼음처럼 굳어 들어오지도 나가지도 못하고 멈춰 섰다. 나는 누가 들어오려다 말고 서 있나 싶어 물끄러미 바라봤다. 그런데 4년 전 내 돈을 떼먹고 도망간 그 사람이 아닌가. 꿈인가 싶어 허벅지를 꼬집었다. 꿈은 아니었다.

'아니, 한국도 아니고 미국, 그것도 미국의 수많은 도시 중에서 시카고 뒷골목 한국 식당에서 그 사람을 만나? 그동안 그렇게 찾으려 해도 못 찾은 그를?'

내가 먼저 말문을 열었다.

"○○ 씨 아닌가요? 이리 와서 앉아요."

그가 도망가기를 포기했는지 내 쪽으로 천천히 오는데, 한눈에 봐도 행색이 초라했다. 4년 전이라면 보자마자 따졌겠지만, 나는 침착하게 낮은 목소리로 말을 건넸다.

"밥 먹으러 왔으니 식사부터 시킵시다."

그는 한숨을 깊이 내쉰 다음 미안한 듯 말했다.

"식사보다는 소주나 한잔 하고 싶네요."

그가 소주를 한 잔 비웠을 때 더는 참지 못하고 물었다.

"어떻게 된 일입니까?"

그는 소주를 한 잔 더 들이켜더니 미안하게 됐다는 말과 함께 그간의 사정을 들려주었다.

사실 그가 제안한 사업은 구실이고 핑계였다. 투자를 빌미로 돈을 받아 미국으로 이민 가는 게 목적이었다고 털어놓았다. 모든 걸 정리하고 돈을 챙겨서, 그 돈의 일부로 평택 미군 부대에 군무원으로 취직해 미국으로 이민 가는 계획을 세웠다고 했다. 나는 그런 방도가 있는지 그때 처음 알았다. 아무튼 그렇게 해서 가족을 데리고 미국으로 가면 나한테 잡히지 않으리라 생각했던 것이다.

하지만 미국에 도착하자마자 자기보다 더한 사기꾼에게 당해 돈을 모두 날리고 말았다. 이민 브로커를 사칭한 교포에게 사기를 당한 것이다. 가진 돈을 모두 잃었으니 거지나 다름없는 신세가 되고 말았다. 이후 그가 겪은 고통은 더 들을 필요가 없겠다 싶었다. 말도 잘 안 통하는 미국 사회에서 가진 돈을 모두 털렸으니, 그 고생이 오죽했겠는가.

나는 무엇보다 그동안의 궁금증이 풀려 매우 감사했다. 한편, 그가 안됐다는 측은지심이 밀려왔다. 남의 돈을 가져갔으면 잘살기나 할 것이지, 어떻게 이런 꼴이 됐나 싶어 안타깝고 한심하다는 생각도 들었다. 빈털터리가 된 그를 보니 그에 대한 분노가 언제 얼마나 있었는지 잘 기억나지 않을 정도로 사라졌다. 돈을 못 받는 것은 뒤로하고, 도리어 저런 사람을 이해해 주는 나를 내가 이해할 수 없는 상황이 되고 말았다. 화를 내야 하는데, 화가 나지 않았다.

지갑에 든 출장비 중에서 200달러를 꺼내 주며 진심으로 말했다.

"모든 걸 용서하고 잊어버릴 테니 부디 잘 사십시오. … 저는 이틀간 이 식당 뒤 ○○호텔에 묵고 있습니다. 한번 찾아오십시오."

하지만 그는 나를 찾아오지 않았다. 그날 이후 지금까지 그를 만나지 못했다.

그 시카고 식당에 그가 멋진 차림으로 나타났다면 어땠을까. 아마도 화가 많이 났을 것이다. 하지만 너무나 남루한 모습이니 나도 모르게 안쓰러운 생각이 먼저 들었다.

그렇다고 사람이 그런 일을 당하고도 어찌 화를 내지 않을 수 있겠는가? 상대가 불쌍하게 됐든 잘살고 있든, 나를 속인 사람을 4년 만에 만났는데 어떻게 내가 그를 용서할 수 있겠는가? 사실 그 마음은 나 스스로 품은 것이 아니었다. 하나님이 주시는 마음이 분명했다. 출장비에서 200달러를 내준 것도 성령 하나님이 시키신 일이었다. 상대에 대한 용서는 내가 하는 것이지만, 용서하려는 마음은 하나님이 주시는 것이 분명하다.

──── 두 번째 사건

두 번째 사건의 주인공 J가 처음부터 우리 회사 직원이었던 것은 아니다. 한국의 전기 업계에서는 이름이 꽤 알려진 어느 중소기업에서 과장으로 일하고 있던 그를 우연히 만났다.

J를 처음 만난 때는 1980년대 중반, 장소는 우리 회사가 개최한 세미나가 열리고 있던 남산의 H호텔이었다. 회사가 한창 성장하고 있던 시기에 우리 회사는 미국의 저명한 전기공학 교수들을 초청해 GE 제품 기술 세미나를 열었다. 한 사람씩 단독 초청을 해도 올까 말까 한 유명 인사들을 강사로 초

청했는데, 제이 머피, 짐 소프, 애런 패드키 교수 등이 한꺼번에 세미나에 왔다. 그들은 당시 우리나라 공과대학에서 교과서로 사용하던 책들의 원저자였다. 머피 교수와 내가 친분이 있어서 그를 통해 한꺼번에 이런 석학들을 초청할 수 있었다. 워낙 저명한 강사들이 함께하니 국내 학자들과 관련 기업 전문가들이 큰 관심을 가질 수밖에 없는 세미나였다.

당시 GE 중역인 존 리들 씨가 마침 같은 호텔에 머물고 있었는데, 그 세미나가 열린 것을 보고서 매우 놀라워했다. 그는 잭 웰치의 측근 중 한 사람이었다.

"저명한 공학자 네 명을, 한국의 작은 회사가 한꺼번에 불러 세미나를 열다니 놀라울 뿐입니다. 미국에서도 한번에 모시기 어려운 분들입니다."

그만큼 권위 있는 세미나였다.

그리고 그 세미나의 쉬는 시간에 나를 찾아온 J를 만났다. 첫인상은 왜소했다. 업계와 기술에 대해 이런저런 대화를 나누는데, J가 우리 회사에 관심을 보였고 나도 그에게 관심이 생겨 단도직입적으로 물었다.

"J 과장, 혹시 우리 회사에 와서 근무할 생각 없어요?"

그러자 눈빛이 밝아지면서 이렇게 말하는 것이 아닌가.

"사실 제가 회사를 그만두고 집에서 놀고 있는데, 그걸 어떻게 아셨습니까? 저야 감사하죠."

나를 찾아와 면담을 신청한 속내가 새 직장을 구하기 위해서였나 싶었지만, 제법 일을 잘할 것 같아서 내가 먼저 입사를 제안했다. 그리고 내 예상대로 그는 일을 성실하게 잘 해냈다.

J는 원래 기술자였다. 하지만 내 눈에는 기술 영업을 하면 더 능력을 발휘할 것처럼 보였다. 그래서 내가 경험한 기술 영업 노하우를 그에게 전수하고 각종 교육도 받게 해주었다. 그리고 입사 후 일 년이 지났을 즈음, 그는 '영업 일이 힘들고 적성에 맞지 않는 것 같다'면서 다시 기술 일을 하게 해달라고 했다. 성과도 좋고 적성에도 잘 맞아 보였는데 그런 말을 하니 업무가 과해서 그런가 싶어 여러모로 배려하고 격려하며 그 일을 계속 맡겼다.

당시 J가 하고 있던 기술 영업 분야는 거대 공장 시설의 중요 설비에 폭발 화재 사고가 나지 않도록 이중 삼중으로 보호하는 장비에 관한 것이었다. 지금은 모든 발전소, 특히 원자력 발전소에는 이 장비가 반드시 들어가 있다. 미국 트라이코넥스사에서 만든 신제품으로, 내가 그것을 국내에 들여와 판매하고 있었던 것이다.

당시에도 석유화학공장들은 이미 나름의 보호 시스템을 갖추고 있었다. 트라이코넥스사의 신제품이 아무리 새롭고 보호 기능이 탁월하다 해도 저렴한 기존 제품보다 3배 이상 가격이 높았다. 나는 첫 파일럿 프로젝트에 기존 제품 가격으로 수주하자고 미국 회사를 설득했고, 결국 국내 최대의 정유회사인 S사에 이 제품을 납품하는 데 성공했다. 이후 한국 시장을 그 장비가 장악했고, 시장점유율 100퍼센트를 달성해 갔다. 그러니 한국에서 우리 회사가 독과점이 된 건 당연한 수순이었다. 바로 그 사업의 핵심 인물로 J를 키웠던 것이다.

J가 영업을 그만두고 싶다고 종종 말하더니 어느 날 '잠수'를 타버렸다. 며칠간 깜깜 무소식이다가 J의 부인이 내 아내에게 연락을 해왔다.

"사모님, 제 남편이 이불을 뒤집어쓰고서 회사 못 가겠다고 누워 있어요. 학력을 속인 게 회장님께 죄송해서 저러는 거 같은데, 어쩌면 좋아요?"

J는 이력서를 낼 때 지방의 K대 전기공학과를 나왔다고 썼다. 하지만 공업고등학교 졸업이 그의 최종 학력이었다. 당시 회사에서 연구소를 설립하고 있었는데, 임직원들을 연구원으로 등록하던 과정에서 그의 학력 위조가 들통난 것이다.

그럼에도 나는 "학력은 문제 될 게 없네. 실제 능력과 자세가 중요하네" 하며 그를 설득해 다시 출근하게 했다. 그리고 연구소에 이름을 올리는 일에서는 빼도록 지시해서 학력 문제가 드러나지 않게 배려해 주었다. 이로써 한동안 그는 일을 계속하게 되었다.

J가 입사하고 10년쯤 지났을 때, 그는 이제 정말 그만 다녀야겠다며 결국 사표를 냈다. 그동안 승진도 해서 영업부 이사로 근무할 때였다.

나는 큰일이 났다 싶었다. 그 사업 분야는 전적으로 J에게 모든 것을 맡겼고, 그가 전체를 알아서 할 수 있도록 교육도 받게 했다. 다른 직원들이 질투할 정도로 그를 키웠다. 그런 사람이 처음에는 몸이 아프다며 한 달을 쉬겠다고 해서 그런가 보다 했는데, 일 년 동안 몰래 창업 준비를 했던 모양이다. 사실 아프다고 한 것도 핑계였다. 그 사이에 창업 준비를 마무리했던 것이다.

그러니까 그는 당시 회사의 가장 중요한 사업 아이템을 가지고 나간 것이다. 매출의 60퍼센트에 달하는 사업 분야가 하루아침에 증발해 버렸다.

───── "배신자를 위해 축복하여라"

배신을 당하면 뼈가 녹는다는 옛말이 사실이었다. 정말 뼈가 녹아 내렸다. 살아갈 기력이 없었다.

회사가 어려워지는 것은 차라리 둘째 문제다. 치가 떨리는 배신감을 견디는 일은 정말 고통스러웠다. 잠을 설치기 일쑤

였고, 이불을 뒤집어쓰고 울기도 여러 날이었다.

하지만 기쁜 일이든 슬픈 일이든, 좋은 일이든 나쁜 일이든, 하나님께 물으며 기도하던 습관은 나를 기도의 자리로 이끌었다. 기도의 언어가 나오지 않아도 기도의 자리를 찾았다. 그랬더니 놀랍게 저주가 아닌 축복의 마음이 싹트기 시작했다. 그 오묘한 힘은 너무나 강력하여, 나라는 인간으로서는 도무지 할 수 없는 다짐을 하도록 인도했다. 그를 위해 축복하는 기도를 드리자는 결심이었다.

"배신자를 위해 축복하여라! 그가 잘되기를 위하여 기도하여라!"

따르기 싫은 생각이었다. 하기 싫은 다짐이었다. 이렇게 말도 안 되는 생각을 내가 왜 했을까? 나는 그 답을 알고 있었다. 그렇게 하라고 내 등을 떠민 분은 바로 내가 믿는 하나님이셨다.

하나님의 음성을 들으면 즉각 순종해야 한다고 믿어 왔고 다짐해 왔지만, 그 말씀만큼은 하도 기가 막혀서 순종하기 힘들었다.

"배신자를 위해 축복기도를 하라니요? 이게 말이 됩니까?"

이렇게 항의하고 싶었지만 하나님 앞에서 말문이 열리지 않았다.

'찾아가 복수는 못할망정 잘되기를 축복하라니….'

하나님은 나의 주인이시다. 그러니 그분이 명령하시면 때와 내용을 가리지 않고 순종해야 한다. 나는 이번 명령은 도무지 순종할 수 없어 마음을 내려놓고 빈방처럼 비우기로 했다. 하지만 마음을 비웠다고 생각하는 순간, 그에 대한 원망과 분노가 그 빈 곳을 즉시 채웠다. 내 의지로는 용서할 수 없는 일이었다.

이번에도 '탕자 이야기'가 떠올랐다. 어떤 사람에게 아들이 둘 있었는데, 아버지가 죽은 뒤에나 받을 수 있는 상속재산을 둘째 아들이 달라고 한다. 아버지는 그의 말을 듣고 재산을 나누어 주었고, 둘째 아들은 먼 곳으로 떠나 허랑방탕한 생활을 하다가 모든 재산을 잃는다. 둘째 아들은 온갖 고생을 한 뒤에야 자기 잘못을 뉘우치고 아버지 집으로 돌아왔고, 아버지는 아들을 추궁하지 않고 반갑게 맞이하며 잔치를 베푼다.

J가 내 아들은 아니지만, 아끼고 챙긴 마음은 아비와 아들의 관계와 크게 다르지 않았다. 그러니 그가 나를 속이고 내 사업의 주요 분야를 가지고 나간 일은 마치 아버지의 재산을 미리 받아서 먼 곳으로 떠나 버린 둘째 아들, 곧 탕자를 연상시켰다.

탕자의 아버지는 아들이 집을 떠나 있는 동안 그를 축복했을까? 아버지는 분명 그랬을 것이다. 그랬으니까 돌아와서,

종으로라도 삼아 주면 다행이겠다고 말하는 탕자를 아무 조건 없이 환대하고 받아들였겠지. 게다가 가락지를 끼우고 새 옷을 입히고 잔치를 열어 사람들 앞에서 공증까지 하지 않았는가.

그렇다 해도 아버지가 살아 있을 때 유산을 미리 배분해 달라고 요구하는 건 해서는 안 되는 일이다. 욕을 먹어도 싼 행동이다. 둘째 아들은 받은 돈을 방탕하게 모두 써버려서 탕자가 된 것이 아니다. 아버지에게 상속재산을 미리 달라고 요구한 순간부터 그는 탕자였다. 아버지는 얼마나 분노했을까? 그럼에도 아버지는 아들을 축복했다.

나 또한 J를 축복해야 했다. 하나님의 명령이기 때문이다. 오랜 기도와 한숨을 내쉰 끝에 나는 그렇게 하기로 했다. 하지만 맨정신으로는 그를 위한 축복기도를 하기 어려웠다.

'어떻게 하면 그를 위해 축복기도를 할 수 있을까?'

여러 날 곰곰이 생각하는데 번뜩 아이디어가 떠올랐다.

'달리기를 하면서 기도를 하면 되겠구나!'

우리 집은 양재동에 있다. 집을 나서서 조금만 걸으면 과천과 잠실로 이어지는 양재천 산책로가 멀지 않았다. 이전에도 가끔 산책하던 길인데, J를 위해 축복기도를 하기로 결심한 그날부터 J를 위한 기도길이 되었다.

골방에서는 하기 힘들었지만 달리기를 하면 잡념도 사라

지고 분한 마음도 가셔서 그를 위한 축복기도를 드릴 수 있었다. 그렇게 화를 삭이며, 때로는 울면서 양재천을 뛴 것이 햇수로 2년이 넘어갔다. 그 사이에 상한 마음도 몸도 제법 회복되었다. 처음에는 의지적으로 그를 축복했지만 점차 자연스러워지더니 나중엔 아주 편한 마음으로 진심을 다해 기도를 드릴 수 있었다.

나를 문 뱀은 잡지 못했지만, 내 속에 든 독은 깔끔하게 빠져 나가는 기분이었다. 용서와 축복은 다른 것이 아니었다. 먼저 나 자신을 위한 일이었다. 습관이 쌓이면 행동이 바뀌고, 행동이 바뀌면 마음이 바뀌고, 마음이 바뀌면 인생도 바뀌게 된다는 말은 옳았다. 이제 그를 다시 만나도 예전처럼 기쁘게 맞아 줄 수 있을 것 같았다. 그러면서도 한편 내가 정말 그럴 수 있을까 싶었다.

J가 주요 사업 분야를 빼내어 독립한 이후 회사가 많이 어려워졌다. 이전 매출 규모로 회복하기가 불가능해 보이니 임직원들 사이에서도 그에 대한 원망과 배신감이 깊어졌다.

——— '저 인간을 살려야겠다'

J가 떠나고 2년쯤 되어 갈 무렵, 한 직원이 J의 소식을 전해 주

었다. 어디서 들었는데, 그가 망했다는 것이다. 듣고도 믿기지 않아 사실인지 확인해 보라고 지시했다.

"망할 사업이 아닌데…. 독과점인데 어떻게 망할 수 있겠나? 진짜인지 수소문을 해보세요."

그런데 망한 것이 확실했다. 그것도 완전히.

J는 회사를 세우면 무조건 잘될 것이라 낙관해 사무실도 크게 마련하고 비용도 과도하게 지출했던 모양이다. YPP에 다니면서 영업을 하면 거래처들이 무조건 환대를 하고 매출도 올라가다 보니 자신이 독립하면 얼마든지 똑같은 실적을 낼 것이라 장담했던 것이다.

자신감이 과해 그는 사채를 끌어다 사업을 시작했고, 매출이 생각처럼 오르지 않아 빚에 허덕이는 사이에 다른 업체로 회사가 넘어가 버렸다. J는 빚더미에 앉고 말았다. 유사 제품이 있다 해도 가격 때문에 우리나라에는 경쟁사가 없었고 시장점유율이 100퍼센트에 가까웠는데, 그것을 빼앗기고 만 것이다. 그의 상황을 목격한 업계의 고객들이 내게 연락해 이렇게 말하기도 했다.

"J처럼 한 번 배신한 사람은 또 배신합니다. 그 사람이 망해도 백 회장님은 절대로 받아 주지 마세요."

누가 들어도 당연한 말이었다. 하지만 나는 적어도 한 번은 그를 만나 봐야 한다는 생각이 들었다. '망할 수 없는 그 사업이 도대체 왜 망하게 됐을까?' 그 이유가 궁금했다. 그리고 아들처럼 자신을 아끼던 나를 왜 배신했는지 묻고 싶었다. 아울러 그가 지금 어떻게 살고 있는지, 딱한 사정이 궁금했다. 2년이나 매일 달리기를 하면서 그의 이름을 부르며 축복기도를 하지 않았다면 그런 생각은 들지 않았을 것이다.

직장생활을 하며 모은 돈을 지인의 사업자금으로 투자했다가 잃어버렸을 때처럼, 나는 이번에도 잃은 사업권과 돈보다 배신한 이유, 망할 수 없는 사업이 망한 이유가 궁금했다.

그에게 만나자는 연락을 했다. 그러자 뜻밖에 만나지 않겠다는 답이 돌아왔다. 면목도 없을뿐더러, 나를 만나는 것 자체가 두려워서 그렇다고 했다. 그래서 오히려 내가 사정을 했다.

"내가 자네를 보고 싶어 그러니 제발 한 번만 만나 주게. 야단치려는 게 아닐세."

그렇게 대화를 주고받다가 강남의 R호텔에서 만나기로 약속을 했다. IMF가 닥치기 얼마 전, 무더운 7월의 한낮이었다. 먼저 도착해 1층 커피숍에서 기다리는데, 한참 후 허름하고 초췌한 몰골의 사내가 겨울에나 입을 오리털 점퍼를 입고 노숙자처럼 들어왔다. 놀랍게도 J였다. 누가 봐도 제정신이 아닌 모습이었다. J는 나를 보더니, 무릎을 꿇는 것도 아니고 서 있는 것도 아닌 어정쩡하고 구부정한 자세로 인사를 하곤 앉자

마자 울기부터 했다. 답답해진 나는 궁금했던 일들을 먼저 물을 수밖에 없었다.

"내가 자네를 얼마나 아끼고 사랑했는지 알지? 그런데 나한테 왜 그랬는가? 나가서 사업을 하려면 잘되기나 할 것이지, 지금 이 꼴이 뭔가?"

J가 눈물을 훔치며 연신 죄송하다며 그간의 사연을 말했다.

"회장님, 제가 사실 오만했습니다. 고객들이 나를 보고 오더를 주는 줄 알았는데, 알고 보니 회장님과 회사를 보고 준 것이었습니다. 저는 그저 심부름꾼에 불과했다는 것을 몰랐던 겁니다. 제가 이걸 갖고 나가면 성공할 줄 알았는데, 헛바람이 들어서 처음부터 사업 크게 하고 사채 빌려 쓰다가 이 모양 이 꼴이 됐습니다. 죄송합니다."

"사채를 써? 얼마나 썼는데?"

"5…억…입니다."

기가 막혔다. 당시 5억은 20년 뒤인 지금 가치로 50억은 될 것이다. 그걸 갚지 못하게 됐으니 최소 형사고발이었다. 안 그래도 나를 만나러 온 다음 날이 경찰서에 불려 가는 날이라고 했다. 그렇게 집도 돈도 다 날리고, 부인과 아들 둘을 데리고 서울 외곽의 달동네에 살고 있었다. 저녁 먹을 쌀도 없어서 봉지쌀을 사가서 밥을 해먹을 거라는 말도 했다. 하루아침에 거지꼴이 된 것이다.

문득 J가 불쌍하다는 생각이 들면서 황당하게도 이런 마음이 생겼다.

'저 인간을 살려야겠다.'

내 인생 최고의 원수, 배신자, 그를 살리겠다는 다짐을 하게 된 것이다. 그건 내가 한 생각이 결코 아니었다. 사람으로서는 그럴 수도, 그래서도 안 될 일이었다. 성령 하나님이 내 안에 심어 주신 생각임이 분명했다. 하나님이 주신 마음이 아니면, 인간은 그럴 수 없다. 먹살을 잡고 패대기를 쳐도 시원치 않을 것이다.

"내일부터 회사 다시 나오게. 그리고 사채 줬다는 그 사람들, 나한테 오라고 그러게. 내가 지불 각서 써줄게."

그리고 며칠 후, 나는 J의 빚쟁이들에게 각서를 써주고 몇 년에 걸쳐 사채 빚을 갚아 주었다.

하지만 J는 내가 오라고 한 날에 바로 출근을 하지 못했다. 아이러니하게도 그의 가족이 반대했기 때문이다.

탕자를 받아들인 아버지처럼

나를 만나고 간 날, J는 부인과 형제들에게 내 제안을 말해 주었다. 쌍수를 들고 환영하리라 생각했던 그들이 뜻밖에도

100퍼센트 반대했다고 한다.

"백 회장이라는 사람, 너한테 이를 갈고 있었을 건데, 이제는 도망 못 가게 자기 회사에 불러놓고 피를 말릴 거야. 죽으려면 거기 다시 들어가고."

다음 날 출근해 임원들을 불러 모은 자리에서 J를 복귀시키겠다는 뜻을 밝혔다. 그러자 약속이나 한 듯 모두 반발했다. 임원들이 한꺼번에 내 뜻에 반대 의사를 내비친 것은 그때가 처음이자 마지막이었다.

"회장님이 J를 다시 불러들이신다면 저희 모두 회사를 그만둘 겁니다. 회장님이나 저희나 그 인간 때문에 얼마나 고생을 했는데요!"

어떤 임원이 울부짖는 듯한 음성으로 이렇게 하소연했다. 문득 탕자 이야기의 큰아들이 오버랩되었다. 탕자의 아버지는 집 나갔다 돌아온 둘째 아들에게 좋은 옷을 입히고 손에 가락지를 끼우고 발에 신을 신겼다. 아들로서 신분을 회복시켜 준 것이다. 게다가 잔치까지 베풀어 주었다. 이것을 본 큰아들의 마음이 편했을 리 없다. 나라도 화가 났을 것이다. J의 재입사를 반대한 임원들의 심정이 그 비유에 나오는 큰아들과 같게 느껴졌다.

"우리가 저 한 사람 살립시다. 내가 당신들 심정 다 알고 있습니다. 그 누구보다 내가 가장 힘들지 않았겠습니까? 하지만 우리가 안 도와주면 저 사람 죽습니다."

결국 임직원들이 내 의견을 따라 주었다. 그들이 그럴 수 있었던 것은, 내가 하나님의 사람으로서 어디에 더 큰 가치를 두고 사는지 알고 있었기 때문일 것이다.

──────   **하나님의 반전**

J는 회사로 다시 출근하면서 좌불안석이었다. 매해 수십억 원에 달하던 회사의 매출 분야를 날려 버린 사람인데, 무엇을 해서 갚을 수 있을까 고민도 많았던 것 같다. 어느 날, J가 물었다.

"제가 무엇으로 회장님과 회사에 보답할 수 있겠습니까?"

나는 그를 안심시켰다.

"그런 건 걱정할 거 없고, 그냥 내가 하던 GE 일 배우고 새로 시작하면 되네."

나는 실제로 새로운 영역에서 다시 영업을 하도록 일을 가르치고 새 직무에 그를 배치했다.

뼈를 녹이는 듯한 화를 누르지 못해 달리기를 하며 그를 축복하는 기도를 할 때도 사실 J가 전혀 사랑스럽지 않았다. 그런데 참으로 희한하게 J가 회사에 돌아와 일하는 모습을 볼 때마다 언제 그랬나 싶을 정도로 불편한 마음이 전혀 없었다. 성령님이 내 마음에 사랑의 은사를 주신 것이다. J 역시 내가 이전과 똑같이 대한다는 것을 느꼈는지, 더욱 열심히 영업을 다니고 매사에 심혈을 기울였다.

시간이 조금 지나자, J가 '자신의 구원 간증', 즉 배신자였던 자기를 다시 받아 준 YPP와 백 회장의 '은혜'를 거래처에 말하고 다닌다는 소문이 돌았다. J는 자신의 과오를 거래처에 솔직히 말하고, 과거에는 자신이 잘나서 영업을 하는 양 떠벌였지만 이제는 오직 YPP와 회장님의 배려 가운데 복귀의 은혜를 얻고 심부름을 하러 다닌다고 고백한다는 후문이었다. 이런 모습이 거래처에 좋게 보였는지, 그에게 서서히 성과가 나기 시작했다. 그러다 어느 날 '큰일'이 터졌다.

J가 국내 굴지의 대기업인 H기업의 사업 담당 상무와 식사 약속을 잡았다. 그를 설득할 수만 있다면 큰 실적을 낼 수 있는 기회였다. 그런데 그날도 J는 제품 이야기는 제쳐 두고 자기가 '구원받은 간증'부터 말했다.

"저는 배신자였습니다. 회사 매출의 절반이 넘는 아이템을 가지고 나가서 망해 버리고 알거지가 됐습니다. 그런데 회장님이 저를 다시 받아 주셨어요. 승진도 시키시고, 집 없다고 40평 아파트도 사주셨습니다. 이런 회장님, 이런 회사를 위해 저는 뭘 해도 은혜를 갚을 방법이 없습니다."

그런데 그날 미팅에 상무의 아내도 나와 있었다. 보통은 거래처 사람을 만나는 자리에 부인이 동석하는 경우가 없다. 그런데 어찌된 사연인지 동석을 하게 되었고, 상무 부인이 J의 간증을 듣고 크게 감동을 했다.

"여보! 이런 회사가 어디 있어요! 할 수만 있으면 이런 회사는 도와줘야죠. YPP 회장님이 하나님의 사람이시네!"

알고 보니 그 부인은 한 선교단체를 섬기는 신실한 자매였다.

이후 H기업이 해외에서 프로젝트 수주를 하면서 YPP도 많은 수주를 하게 되었다. 이 일은 J에게는 물론 나에게도 또 하나의 간증이 되었다. 물론 YPP의 간증이기도 하다.

──── 내가 사는 길

우리 하나님은 실로 반전(反轉)에 능하시다. 배신자가 생겨 큰 위기에 빠뜨리시는가 싶더니, J를 위해 2년 넘게 양재천을 달리면서 축복기도를 하게 하시고, 그를 직원으로 다시 불러들이게 하셨다. 이 이야기는 여기서 끝나지 않는다. 하나님은 그를 통해 회사에 유익이 돌아오게까지 하셨다. 물론 그리 아니하셨더라도 나는 상관하지 않았을 것이다. 성경의 탕자 이야기는 탕자를 다시 맞아들여 잔치를 베풀었다는 데서 끝나지, 그 탕자가 효도하고 실적을 냈다는 말은 없다.

J가 돌아와 실적을 낸 것은 중요한 일이 아닐 수 있다. 그 역시 사람인지라 이후의 모습이 완벽한 것도 아니다. 다만 중요한 것은 내가 그를 통해 하나님 아버지의 마음과 하나님의 반전을 제대로 볼 수 있었다는 사실이다.

J는 이후 신앙생활에 열심을 내어 자기 죄를 사람들 앞에서 자복하는 공동체로 유명한 어느 교회에 다니고 있다. 회사에서는 승진을 거듭하여 사장까지 오른 뒤 은퇴하였고, 지금은 동종업계의 다른 회사의 고문으로 일하고 있다.

2014년, '문화연구원 소금향'(원장 박정관 목사)이 주관하는 일터사명콘퍼런스의 토크콘서트에 초대돼 수많은 기독 실업인 앞에서 내 삶에 대해 간증을 했다. 그 자리에서 나를 배신한 J에 대한 이야기도 들려 주었다. 토크쇼 제목은 '다시 찾은 형제'였다. 기독 신앙인으로서 직장생활과 사업을 하는 분들이라서 매우 공감해 주었다.

그 자리에는 목사님도 몇 분 있었는데, 복도에서 만난 어느 목사님이 눈시울이 붉어진 모습으로 내게 다가와 말씀하셨다.

"회장님, 제가 목사이지만 죽이고 싶을 정도로 미운 사람이 있습니다. 하지만 오늘 회장님의 이야기를 듣고 그 사람을 용서하기로 마음먹었습니다. 아무리 성경을 읽고 기도해도 되지 않던 용서를 오늘 회장님 간증을 듣고서 하게 됐네요. 정말 감사합니다."

깜짝 놀랐다. 목사님이 나 같은 평신도에게 이처럼 솔직하고 진실한 고백을 하실 수 있을까 싶었다. 그 목사님이 훌륭하게 보였다. 목사라고 해서 미워하는 마음이 왜 없겠는가? 오히려 말을 자유롭게 못하니까 마음속에 더 큰 원망이 쌓여 있을 수도 있을 것이다.

다시 말하지만 나 역시 용서가 쉽지 않다. 다만 용서는 내가 살 수 있는 길이기 때문에 하는 것이다. 내가 용서하기로 결심하면 성령님께서 도와주시고 원수를 사랑하는 마음까지 주신다. 보잘것없던 시골 소년에게 새 생명을 주시고 이 자리에 이르기까지 베풀어 주신 하나님의 은혜를 생각하면, 나는 일곱 번 곱하기 일흔 번이라도 용서해야 마땅한 사람이다. 우리는 모두 예수 그리스도의 공로로 용서받은 사람이 아닌가.

──── **죄 지은 자를 사하여 준 것같이**

예수님이 가르쳐 주신 기도인 '주기도문'을 외울 때마다 한 대목이 늘 마음에 박힌다.

우리 죄를 사하여(용서하여) 주시옵고.

이 문장은 마태복음 6장 12-15절에서 온 것이다.

우리가 우리에게 죄 지은 자를 사하여 준 것같이
우리 죄를 사하여 주시옵고
우리를 시험에 들게 하지 마시옵고
다만 악에서 구하시옵소서.
(나라와 권세와 영광이 아버지께 영원히 있사옵나이다. 아멘.)
너희가 사람의 잘못을 용서하면
너희 하늘 아버지께서도 너희 잘못을 용서하시려니와
너희가 사람의 잘못을 용서하지 아니하면
너희 아버지께서도 너희 잘못을 용서하지 아니하시리라.

 나를 배신하고 내게 잘못한 사람을 용서해야 나의 잘못 또한 하나님께 용서받을 수 있다는 말씀이다. 참으로 실천하기 어려운 지침이다. 이 용서의 명령이 우리에게 작동하려면 하나님의 마음, 즉 탕자까지 용서하고 다시 품어 주시는 아버지의 마음이 우리 안에 있어야 한다. 하나님 아버지의 마음을 가지는 것은 우리 힘으로는 불가능하다. 영이신 하나님, 성령께서 용서하고 품으라는 마음을 주셔야 가능해진다.

그러니 용서하라는 마음이 들면, 불쌍히 여기고 품으라는 마음이 들면, 순종해야 한다. 그것이 재산을 탕진하고 돌아온 탕자를 환대한 아버지의 마음을 품고 사는 길이다.

7

"내가 너를 살렸다"

1983년 여름, 미국 출장을 갔을 때 일이다. 무려 한 달간, 나를 담당한 GE 매니저를 따라서 미국 각 주에 있는 공장들을 방문하며 교육을 받고 있었다. GE의 한국 파트너가 됨으로써 GE 본사를 탐방하고 공장들을 돌면서 제품과 기술 등을 직접 보고 이해해야 했기 때문이다. 일정이 끝나면, 9월 1일 뉴욕의 존 F. 케네디 공항에서 출발하는 대한항공 007 여객기를 타고서 귀국할 예정이었다. 앵커리지를 경유해 북반부를 거쳐 김포공항으로 가는 경로였다.

대한항공 여객기 피격 사건과 나

요즘에는 조금 달라졌지만, 당시에는 예약한 비행기에 확실히 탑승할 것인지, 예약이 정상적으로 돼 있는지 사전에 반드시 확인을 해야 했다. 그래서 8월 30일, 출발하기 이틀 전에, GE 본사 빌딩 1층에 있는 여행사에 전화를 걸었다. 그런데 내 이름이 예약자 명단에서 빠져 있는 게 아닌가! 빈자리라도 있으면 다시 예약해 달라고 아무리 항의해도 소용이 없었다.

부득불 9월 2일에 출발하는 비행기를 타기로 결정했다. 나를 안내해 준 GE 직원들과 굿바이 인사까지 했는데, 긴 출장 끝에 혼자 호텔에서 하루를 더 지내게 되니 짜증이 몰려왔다.

9월 1일. 원래대로라면 벌써 비행기에 탑승했어야 하지만, 하루 연장되었으니 종일 할 일도 없고 잠도 오지 않아서 텔레비전 채널을 여기저기 돌렸다. 그런데 갑자기 화면 하단에 붉은색 자막으로 속보가 떴다. 다른 채널도 마찬가지였다.

"Korean Air 007 Missing!"

대한항공 007편이 실종되었다는 소식이었다. '저거 뭐지?' 하고 어리둥절해하다가 내가 타려다 예약이 잘못되어 탑승하지 못한 그 비행기란 것을 알아챘다. 속보의 제목이 금세 바뀌었다.

"Korean Air 007 Crashed!"

비행기가 격추당했다니. 믿을 수가 없었다. 승객 246명과 승무원 23명, 총 269명 탑승자 전원이 사망한 것으로 확인됐다는 소식이 전해졌다. 나는 놀란 가슴을 부여잡고 밤새도록 이리저리 뒤척였다.

다음 날, 한 번 더 인사를 하려고 GE 본사로 갔더니 복도에서 커피를 마시던 직원들이 귀신을 본 듯 화들짝 놀랐다. 그들은 내가 그 비행기를 탔고, 거기서 죽은 줄 알고 있었다. "미스터 백, 정말 아까운 사람인데, 우리 일은 이제 어떻게 될까? 한국 파트너는 누가 하지?" 하는 말을 주고받다가 나를 본 것이다.

"미스터 백, 당신 왜 아직 여기 있죠?"

나는 그간의 상황을 설명했다. 그리고 9월 2일 비행기를 타고 귀국했다.

공항에 내리자마자 교회부터 갔다. 하나님께서 나를 살려 주신 일 같은데, 그렇다면 교회 가서 기도하는 것이 순서라는 생각이 들어서였다. 예배당에 들어가 앉는 순간, 내 평생 가장 깊은 기도가 터져 나왔다. 그리고 아니나 다를까, 마음속 울림으로 하나님의 음성이 들렸다.

"내가 너를 살렸다."

나는 그 무렵, 두렵고 떨리는 마음으로 사업을 시작하고 있었다. 하나님이 인도하시는 대로 순종하며 살겠다는 마음과 부푼 꿈을 품고 미국 GE 본사로 견학 겸 출장을 갔던 것이다. 그런데 예정대로 그 비행기를 탔다면 내 운명은 어떻게 되었을까? 그때는 희생된 사람들과 그 가족에 대해서는 생각할 겨를도 없었다. 그저 내가 살아 있다는 사실이 감사했다.

─── 잊고 있던 구원의 은혜

사업을 하는 분들이면 다 아시겠지만, 사업이란 정말 녹록지 않다. 영업도 해야 하고, 연구와 생산도 해야 한다. 고객과 거래처 접대도 해야 하고, 할 일이 너무나 많다.

그렇게 사고를 피하고 나서 바쁘게 회사 일을 하며 살다 보니 10년 넘는 세월이 훌쩍 지났다. 내가 죽을 뻔했다는 사실, 추락한 비행기에 탈 뻔했다는 사실, 그렇게 죽을 운명이던 나를 살리신 하나님의 은혜를 잠시 잊은 채 바쁘게 생활하고 있었다.

그러던 어느 날, J 이사와 그 무렵 스카우트한 C 부장과 함께 미국 출장을 갔다. 그리고 돌아오는 비행기 안에서 뜻밖의 만남을 경험했다.

비행기 옆자리에 60세쯤 돼 보이는 여성이 앉더니 내게 말을 건넸다. 자리를 잡고 앉았다가 좌석 포켓에 꽂아 둔 내 비행기표에서 이름을 본 모양이다.

"어머, 저랑 같은 종씨이네요. 저는 한국 가는 비행기를 탈 때마다 남동생 생각이 납니다. 혹시 대한항공 007기 추락 사건을 아시나요?"

모를 리가 있겠는가, 내가 탈 뻔한 비행기인데. 하지만 별 내색을 하지 않고 그냥 안다고만 짧게 답했다.

"동생 영어 이름 이니셜이 선생님하고 비슷해요. 나이도 같고요. 동생이 무역회사를 하고 있었어요. 그날도 미국 출장을 갔다 오는 길이었는데, 그만 그렇게 됐어요."

그 순간 머리카락이 쭈뼛 서고 온몸에 소름이 돋았다. 몸에서 피가 빠져 나가고 한기가 휘감는 기분마저 들었다. 나에게 기독교 신앙이 없었다면, 십수 년 전 내가 비행기를 잘못 타는 바람에 나를 놓쳤던 저승사자가 지금 다시 나타나 데려가려고 내 옆에 앉았다고 생각했을 것이다.

부인의 말을 들은 다음부터 서울에 도착할 때까지, 피해 갔던 비행기 사고가 이번에는 반드시 일어날 것 같은 두려움이 몰려왔다. 부인은 눈치를 못 챘는지, 동생 이야기를 한참이나 들려주었다. 그 이야기를 들으며 얼마나 떨었는지 모른다.

동생의 사고 이야기를 이어 가던 부인이 메모지를 꺼내 자신의 이름과 미국 연락처를 적어 주었다. 필라델피아의 모 한인교회 사모님이었다. 미국에 자주 출장을 가고 교회도 다닌다고 하니, 언제 한번 꼭 들르라며 쪽지를 남겼다.

하지만 나는 그날 이후 20년이 훨씬 지난 지금까지, 필라델피아의 그 사모님을 찾아뵙지 못했다. "내가 바로 그 비행기를 탈 뻔한 사람이었다"라는 말을 차마 꺼낼 수 없었기 때문이다.

국무총리를 역임한 어느 분과 골프를 치면서 그 이야기를 들려주었더니 이런 조언을 해주었다.

"백 회장, 그 부인을 찾아가서 대신 동생이 되어 드리면 어때요?"

나는 그분의 조언을 듣고 아차 싶었다. 그런데도 아직 그 부인을 찾아가지 못하고 있다.

호텔 비상구에서 한 약속

그 부인을 만난 미국 출장길에서 죽을 뻔하다 살아난 일이 또 있다. 그 출장에는 다른 전기회사 임직원 세 사람과 나를 포함한 우리 회사 임직원 세 사람, 모두 여섯 명이 동행했다. 사건이 일어난 곳은 A 도시에서 일을 보고 나서 B 도시로 이동하기 전에 묵었던 호텔이다.

새벽 1시경. 잠을 자고 있는데 화재 경보기가 울렸다. 놀라서 뛰어나갔다가 동시에 뛰어나온 C 부장과 복도에서 마주쳤다. 불이 나면 엘리베이터를 타면 안 된다는 상식이 생각나서, 그와 함께 비상계단으로 내려갔다. 한참을 정신없이 내려

가다 보니 1층 로비로 나가는 문을 놓치고 지하까지 내려가고 말았다. 그게 화근이었다.

그 호텔의 지하 비상구에는 화재 확산 방지를 위해 들어가는 문과 나가는 문 사이에 두세 명이 들어갈 만한 공간이 있었다. 방화문과 방화문 사이의 공간이다. 그런데 지하로 연결되는 첫 번째 문을 열고 들어가니 문이 잠기면서 다시 열리지 않았다. 실외로 통할 것으로 기대한 두 번째 문도 마찬가지였다. 문을 열려고 온갖 애를 써도 도무지 미동도 하지 않았다. 방화문과 방화문 사이의 좁은 공간에 꼼짝없이 둘이 갇히고 말았다. 허둥대다 보니 10분이 금세 지났다. 하지만 느낌은 1시간은 지난 듯했다. 점점 갑갑해지고 긴장이 됐다.

C 부장은 문을 열려고 계속 힘을 썼다. 나는 다른 방에 묵고 있던 J가 우리를 찾아내기를 기대했다. J 이사를 보내 달라고 하나님께 기도하며 기다렸다. 하지만 그는 물론 누구도 나타나지 않았다.

문득 문짝을 틀에 고정해 움직이게 하는 힌지와 바닥에 방치된 드라이버가 보였다. 그 드라이버로 힌지를 뺄 수만 있다면 문을 열 수도 있을 것 같았다. C 부장이 손에 피가 날 정도로 힘을 써 힌지를 빼는 데 성공했다. 하지만 문제가 있었다. 문을 열려면 우리가 갇힌 방화 공간 쪽으로 문을 당겨야 했다. 그런데 우리 두 사람이 갇혀 있으니 공간이 부족했다. '이

걸 어떻게 여나?' 하며 나는 계속 기도를 했고, C 부장은 우왕좌왕하고 있었다. 그러다가 나보다 몸이 마른 C 부장을 내 등에 업고 목말을 타게 한 다음, 그를 문 위의 빈틈으로 손을 내뻗게 해 간신히 탈출할 수 있게 됐다. 어느덧 3시간이 흘러 새벽 4시가 되어 있었다.

로비로 돌아오니, 화재 흔적은 없고 사람들만 모여 나와 웅성댔다. 동행했던 거래처 사람들과 J 이사는, 마치 굴뚝에 들어갔다 나온 사람처럼 땀과 먼지를 뒤집어쓴 우리를 보고 깜짝 놀랐다. 공항에 나갈 시간은 다가오는데 우리 두 사람이 없어졌으니 경찰에 신고하려던 참이라고 했다.

화재 경보는 오작동이었다. 프런트에 가서 항의하자 미안해하며 어쩔 줄 몰라 했다.

그런 일을 겪은 다음 서울로 돌아오는 비행기에 탄 건데, 1983년 비행기 사고 때 동생을 잃은 그 부인의 이야기를 들었으니 얼마나 두려웠겠는가. C 부장은 그때 일이 트라우마로 남아서 좁은 곳을 견디지 못하는 폐소공포증이 생겼다. 나는 다행히 치료가 되었다.

그날 좁은 공간에 갇혀 있는 동안, 나는 C 부장에게 전도를 했다. 그가 내게 이런 말을 건넨 것이 계기였다.

"회장님, 여기서 무사히 살아 나가면 우리 의형제 맺어요."

"우리가 여기서 살아남는다면, 그건 C 부장이 모르고 있는 하나님이 살려 주신 거니까, 하나님 믿고 꼭 교회 다니세요."
 "알겠습니다. 회장님. 꼭 그러겠습니다!"
 하지만 그가 예수를 믿게 되었는지는 모르겠다. 이 글을 읽는다면, 그 약속을 꼭 지키기 바란다.

8
순종의 열매

러시아가 우크라이나를 공격하면서 전쟁을 일으킨 것처럼, 이란을 비롯한 중동 국가들과 미국의 사이가 좋지 않을 때가 있었다. YPP가 중국에 설립한 'YPP 차이나(China)' 제품을 홍콩으로 수출한 일이 있는데, 그게 국제 정세와 관련하여 큰 문제가 될 줄은 전혀 생각하지 못했다. 당시 미국은 첨단기술 제품을 수출하면 안 되는 나라 4개국을 지정해 놓았고, 이란이 그중 하나였다.

홍콩의 딜러는 베트남의 철강회사에 판매한다는 조건으로 YPP 차이나에 제품 구입을 의뢰했다. YPP가 제작한 물건은 홍콩을 거쳐 베트남으로 갈 예정이었다. 그런데 그 제품이 베트남이 아닌 이란으로 넘어가게 됐다는 정보가 입수되었다. 우리는 전혀 알 수 없는, 당연히 비밀일 수밖에 없는 정보를 놀랍게도 미국 CIA가 알아냈다. 제품의 핵심 부품을 제공하는 GE 본사를 통해 우리에게도 알려진 것이다.

한국 YPP가 미국의 적대국인 이란에 직접 판매한 것도 아니고 홍콩의 딜러가 상도의를 어긴 일이 왜 미국 CIA까지 관여할 만큼 심각한 문제가 되었을까?

발칵 뒤집힌 미국 GE

YPP의 시스템에 들어간 GE의 전자제품들은 전문가가 해체해 프로그램을 나쁜 의도로 편집하고 재조립하면 첨단 무기가 될 수 있다. 바로 그 제품이 그랬다. 따라서 그것이 이란으로 넘어간다면 미국이 만든 제품이 역으로 미국을 공격하는 무기가 될 수 있다는 주장이었다.

YPP나 GE에게나 매우 심각한 사태였다. 이 제품이 본의 아니게 이란으로 넘어간다면, GE는 물론 GE 파트너로서 제품을 공급한 YPP까지 미국의 제재를 받을 운명이었다. YPP가 블랙리스트에 올라가면 더는 미국과 거래를 하지 못할 테고, 그러면 회사가 망할 수도 있다는 뜻이었다. 일촉즉발, 회사의 운명은 풍전등화였다.

그 제품은 매우 고가였다. 발전소와 대형공장에 쓰이는 시스템이라 한화로 수억 원에 달했다. 하지만 손해를 감수하더라도 이란에 넘어가기 전에 회수해야 했다. 홍콩 딜러와의 판매 계약을 취소하고, 그들이 기대하는 이익에 해당하는 웃돈을 주더라도 반드시 한국으로 가지고 와야 했다.

하지만 전화나 메일로는 소통에 한계가 있었다. 급박해진 상황에서 그 제품이 어디쯤 가고 있는지도 알 수 없었다. 이란으로 이미 출발한 상태라면 사태를 수습할 방법은 달리 없었다. 그때 받은 스트레스와 낙심은 그 어떤 말로도 표현할 길이 없다. 회사는 완전 비상. 밤낮없이 전략회의를 했으나 뚜렷한 대책이 없었다.

그러나 하나님은 이번에도 나를 살리시고 회사를 지킬 방법과 사람을 준비하고 계셨다.

"그래도 사람은 살려야지요"

나는 S교회에서 제자훈련을 받고 소그룹 순장으로 섬겼다. 중년 남성으로 구성된 제자반에서 첫 총무를 한 나를 이어 세 번째 총무로 섬긴 김 모 집사님이 전화를 해왔다. 직장이 필요한 교인이 한 사람 있는데, 만나 보고 도움을 줄 수 있겠느냐는 부탁이었다. 딱한 사정이 있으니 꼭 만나 달라는 말을 덧붙였다.

"회장님, 그 교인이 몇 년 전 직장을 잃은 다음 취업을 못해 아내와 갈등이 깊어졌어요. 아이 둘이 있고, 아내와 별거 중이에요. 우울증까지 찾아와 세상을 등지려고 했는데, 다행히 빨리 병원으로 옮겨 살렸어요. 회장님, 부탁이니 그에게 살아갈 기회를 주시면 좋겠어요. 능력도 있는 사람인데, 직장에서 윗사람이 부정한 일을 요구해 그리스도인의 양심에 따라 반기를 들고 사표를 썼다고 하더라고요."

듣다 보니 한 번 만나 도울 일이 있으면 돕고 싶은 마음이 들었다. 그를 나한테 보내라고 했다. 그런데 보름이 지나도록 연락이 없었다. 김 집사님에게 내가 먼저 연락을 했다.

"그 사람, 온다더니 왜 안 오나요?"

쭈뼛거리며 하는 말이 충격이었다.

"아, 어쩌면 좋습니까? 그 사람에게 회장님 만나러 가라고 제가 말은 했는데, 며칠 주저하더니 어제 또 일을 저질렀습니다. 마음 정리가 아직 안 됐던 모양입니다. 지금 또 병원에 있습니다. 이번엔 살아날지 자신이 없네요."

그 사람은 삶에 대한 의지를 완전히 잃어버린 듯했다. '한 번도 아니고 두 번이나 자살 시도라니. 그를 포기해야 하나' 싶은 생각이 자연스레 들었다. 하지만 아직 만나 보지도 않았는데, 포기는 말이 안 되는 것 같았다.

"김 집사님, 그래도 사람은 살려야지요. 그 사람 퇴원하면 다시 연락 주세요. 내가 만나 볼게요."

며칠 후 김 집사님이 다시 전화를 해왔다.

"그 사람 퇴원하는데, 회장님께 보낼까요?"

나는 사람을 살리고 봐야 하니 당장 보내라고 했다.

그가 내 사무실에 들어서는데, 그전에는 실력이 있고 총명했을지 몰라도 지금은 얼굴에 핏기 하나 없이 창백하고 초라했다. 그는 내 눈치를 보며 잔뜩 긴장하고 있었다. 선배 교인이 격려차 부른 것일 수도 있지만, 취업을 목적으로 한 면접일 수도 있으니 긴장하는 것은 당연했다. 그나 나나 곤란하고 애매하기는 마찬가지였다. 그를 보고 있으려니, 주님이 이런 생각을 주셨다.

'그를 위해 기도하라.'

안 그래도 할 말이 잘 생각나지 않던 터라 잘됐다 싶어 그에게 기도하자고 했다. 그런데 기도를 시작하기도 전에 그가 펑펑 울었다. 이어서 기도하는 중에 하나님이 이런 마음을 주셨다.

'저 사람, YPP에 취직시켜라.'

하나님이 주신 마음이니 순종할 수밖에. 기도를 마친 다음 바로 제안을 했다.

"내가 사정을 다 알진 못하지만, 김 집사님에게 대충은 들었습니다. 우리 회사에 자리 하나 마련해 줄 테니 내일부터라도 출근해서 일을 해보세요. 일을 해야 당신 건강도 마음도 회복되고, 애들도 학교 보내고 돌볼 수 있지 않겠습니까? 그래야 부인하고도 회복할 기회가 생길 테니 내 말대로 하면 좋겠습니다. 괜찮지요?"

그는 고개를 끄덕이며 출근하겠다고 답했다. 나는 조건을 하나 붙였다.

"그 대신 나랑 약속 하나 합시다. 매일 아침 다른 직원들보다 조금 일찍 출근하고, 일하기 전에 내 사무실에서 같이 기도를 합시다. 당신을 위해 기도할 겁니다. 건강해질 때까지. 같이 기도하면 부인도 돌아오고, 가정도 다시 세워 주실 겁니다. 그렇게 할 수 있죠?"

그가 울먹이며 다시 고개를 끄덕였다.

그는 그렇게 우리 회사에 입사를 했고, 나는 그가 건강을 회복할 수 있도록 근무 시간 중에도 병원을 자유롭게 다닐 수 있도록 배려했다.

한번은 부인이 합의이혼을 요구해서 법원에 가야 한다면서 그가 문자로 조언을 구했다. 나는 이렇게 회신을 했다.

"절대 동의하면 안 됩니다. 끝까지 버텨 보세요."

그렇게 해서 별거는 지속됐으나 이혼은 보류되었고, 직장 생활에도 제법 적응해 갔다.

YPP의 위기와 살아날 방법

그가 입사한 지 일 년쯤 지났을 무렵, 그를 불러 중국 출장을 명령했다. 중국에 두 개의 YPP 법인이 있을 때였는데, 중국 법인들의 재무 상태를 점검하는 것이 출장의 표면적인 이유였다. 물론 필요한 일이었지만, 한편으로는 중국 법인 직원들과 안면을 트고 다른 한편으로 그에게 부인과 접촉할 기회를 주려는 나의 큰 그림이었다.

"큰아이더러 엄마한테 전화해서 아빠가 두 주간 출장을 가는데 그동안 집에 와서 우리들 밥해 주고 빨래해 줄 수 있느냐고 물어보라고 해요. 아이들 엄마가 그러겠다고 하면 아직 가능성이 있다고 봅니다."

다행히 부인이 그렇게 하겠다고 했고, 그는 출장을 떠났다. 그렇게 해서 그가 출장을 다녀온 직후, 홍콩으로 간 우리 제품이 이란으로 가게 됐다는 첩보가 들려온 것이다. 이 일은 GE 변호사들이 YPP 서울 본사에 조사하러 올 정도로 급박하고 심각했다. 국제법에 따른 처벌까지 감수해야 할 상황이었다.

앞에서 언급했듯이 그 제품엔 GE의 부품이 들어가 있었다. 이런 제품은 무기로 악용될 수 있어서 수출하고 수입하는 과정에서 다른 데로 빼돌리지 않는다는 내용을 계약서에 포함시킨다. 홍콩의 딜러가 미심쩍었지만, 중국의 GE 대표와 홍콩 대표가 고교 동창 사이라며 우리를 안심시켜서 YPP 차이나에서 생산한 시스템이 홍콩 딜러에게 전달된 것이다. 내 힘으로는 어떻게 할 방도가 없었다. 하나님 앞에 엎드려 살려 달라고 하는 것 외에는.

그때였다! 얼마 전 중국 출장을 다녀온 그가, 자기는 외국 회사에서 근무를 해봤고 영어도 능통하니 이런 중개무역에 대한 준법(遵法) 경영 처리 방법에도 익숙하다고 하면서 팔을 걷어붙였다. 잘하면 해결 방법을 찾을 수도 있을 것 같다며 자신을 중국으로 보내 달라고 요청했다. 그렇게 하여 그가 다시 중국으로 출장을 갔다. 중국에 가서 먼저 GE 변호사들과 협상을 했는데, 그가 이 문제에 대해 해박한 지식과 경험을 갖고 있다는 것을 확인한 GE 변호사들이 비밀이라며 이런 정보를 주었다.

"그 제품이 배에 실려 가다가 지금 홍콩 옆 도시인 선전(심천)의 한 창고에 있다고 합니다. 그러니 YPP가 살길은 딱 두 가지뿐입니다. 하나는 그 물건이 이란으로 가기 전에 회수하는 것이고, 다른 하나는 이 물건을 사기로 한 (문서상으로만 계약 당사자일 뿐 사실은 아무 상관없는) 베트남의 철강회사가 그 물건은 자기 것이니 다른 데서는 못 갖고 간다고 확인을 해주는 것입니다."

그러나 둘 다 불가능한 일이었다. 물건을 회수하기도 어렵지만, 베트남 철강회사는 이 물건을 처음부터 모르고 있던 터라 이 문제에 개입할 이유가 없었다. 난감했다. 그렇다면 선전으로 가서 그 딜러를 직접 상대하는 것밖에 다른 방법이 없었다. 하지만 중국어 통역을 하는 중국 법인 직원이 하필 급한 사정으로 선전까지 갈 수 없게 됐다. 부득이 서울에서 출장을 간 그 혼자 선전으로 출발했다.

어렵사리 만난 선전의 딜러는 영어를 잘해서 소통하는 데는 지장이 없었다. 하지만 물건을 돌려주는 대신 우리가 수출한 금액보다 훨씬 높은 액수를 불렀다. 회사를 살리고 문제를 해결하려면 억울해도 다른 방법이 없었다. 그 대신 물건이 확실히 한국으로 돌아간다는 보장이 있어야 했다.

이때부터 첩보영화 같은 작전이 전개됐다. 우리 직원은 항공사 직원과 접촉하여 화물기 예약을 해두었고, 서울 본사에서는 거래 은행의 협조를 받아서 입금 대기 상태임에도 입금된 것처럼 확인하는 증명서를 보냈다. 제품이 창고에서 나와 대기한 트럭을 거쳐 실제로 비행기에 실리는 순간, 우리가 입금을 해주었다. 그런 다음, 항공사에서 확인받은 제품 이송증명서를 미국 GE 변호사들에게 제출했다. 물건이 이란으로 가지 않고 서울로 돌아가고 있음을 증명한 것이다. GE에서는 물건을 어떻게 회수했냐면서 놀라워했다.

그때 그 일이 해결되지 않았다면, 지금의 YPP는 없을지도 모른다. GE와의 신의를 가장 중시했던 우리 회사 제품이 이란으로 넘어갔다면 그보다 큰 낭패는 없었을 것이다.

품는 마음

"이전 것은 지나갔으니 보라 새 것이 되었도다"(고린도후서 5:17)라는 말씀이 있다. "옛 사람은 없어지고 새사람이 되었다"는 것이다. 하나님의 은혜로 삶이 변하면 옛 사람은 없어지고 새사람이 된다. 그는 지금 YPP의 임원 중 한 사람으로 열심히 일하면서 아내와 행복한 가정을 가꾸며 잘 살고 있다.

깨어질 뻔한 그의 가정이 회복된 사연은 이렇다. 그가 보름 동안 중국 출장을 간 사이 엄마가 집에 와서 함께 지내니 아이들이 기분이 좋아서 "엄마, 이제 가지 말고 아빠랑 우리랑 같이 살아요" 하고 졸라댔다. 그 직원도 아이들을 등에 업고 아내에게 제안을 했다.

"방은 따로 쓰더라도 애들 생각해서 같이 삽시다. 이제 나도 회사에 다니니까 잘해 볼게요."

그렇게 해서 모두 같이 살게 되었고, 아이들은 YPP 직원 자녀 장학금을 받고 대학을 졸업했다. 얼마 전에는 큰아이 결혼식도 치렀다.

이게 어디 사람이 한 일이겠는가? 하나님이 이루신 기적이다. 한 가정을 살리실 뿐 아니라 회사까지 살려 주셨다. 내가 한 일은 하나님이 나를 품으시는 것처럼 사람을 품은 것 외에는 없다.

하나님이 하시는 일은 참으로 인간의 생각을 뛰어넘는다. 우리에게 주시는 생각도 마찬가지이다. 인간적으로 생각할 수 있는 선을 뛰어넘는 사고를 하도록 만드신다. 사람의 생각으로 판단하려고 하면 순종하기가 참 어렵다. 그러나 하나님이 주시는 생각이라는 확신이 있다면 그대로 따를 수 있다. 하나님의 말씀에 대한 순종은 축복의 지름길이다.

> 너희가 즐겨 순종하면 땅의 아름다운 소산을 먹을 것이요 (이사야 1:19).
> 이는 내 생각이 너희의 생각과 다르며 내 길은 너희의 길과 다름이니라. 여호와의 말씀이니라(이사야 55:8).

9
완전한 실패란 없다

"YPP가 한국에서 해온 것처럼 GE 파트너로서 중국에서도 사업을 해줄 수 있겠습니까?"

1998년 어느 날, 당시 GE 부회장인 로이드 트로터 씨가 나를 만나러 한국에 왔다. 사업에 대해 이런저런 대화를 하던 중 뜻밖의 제안을 했다. (그는 내가 30대일 때 나를 발굴한 조지 스타타키스 부회장의 후임이었다.)

그 제안을 받은 1998년은 우리나라가 IMF를 겪은 직후였다. 국가 경제 상황을 놓고 볼 때는 사업을 새로이 시작하기에 그리 안정적이지 않았지만, 중국은 큰 시장이다. 그의 제안을 곰곰이 생각해 본 다음, 나는 역으로 제안을 했다.

"중국이 아무리 크다 해도 YPP를 중국의 GE 파트너 가운데 한 회사로 부르는 것이라면 우리는 가지 않겠습니다. 하지만 중국 전체의 파트너가 되는 것이라면 해보겠습니다."

나의 거대한 제안에 트로터 부회장은 별말 없이 중국 시장을 YPP에게 다 맡기겠다고 대답했다. 그렇게 상하이(상해)에 YPP 차이나가 설립되었다. 100퍼센트 YPP가 투자한 회사였다. 이후 YPP가 70퍼센트, 현지 파트너사가 30퍼센트를 투자하여 우한(무한)에 또 하나의 법인을 만들었다. 중국에 두 회사를 세워 중국 전체를 대상으로 사업을 시작한 것이다.

YPP 차이나는 두 개의 법인을 통해 윈난성(원남성)의 쿤밍(곤명), 광둥성(광동)의 광저우(광주) 등 중국 대도시 대부분에 지사를 설립했다. 베이징(북경)에도 물론 세워졌다. 엔지니어도 120여 명이나 고용했다. 수주 물량이 엄청나게 많았다. 우리 회사가 중국에 들어가기 전에 GE의 중국 파트너가 10개나 있었는데, 그들이 3년간 해낸 몫을 우리가 첫해에 해냈다. 사업을 제안한 트로터 부회장은 아주 만족해했다.

문제라면 중국인들의 태도였다. 물건은 구입하는데 대금을 잘 지불하지 않았다. 계약서도 소용없었다. 시스템을 만들어 납품하면 한국에서는 계약서에 의해 실무자가 대금을 지불하지만, 그들은 지불 기일이 돼도 상사가 출장을 가서 결제를 할 수 없으며 상사가 돌아오면 지불하겠다는 식이었다. 우리 쪽에서는 원자재를 사와서 시스템을 제작해 납품하니 지불 대금이 쌓이는데, 중국에서 수금이 안 되어 사업이 어려워졌다. 그렇게 5년쯤 지나자 적자가 눈덩이처럼 쌓였다.

결국 10년쯤 지나 중국 회사를 철수하기로 결정하고, 중국에서 벌인 모든 거래관계를 깨끗이 마무리하기로 했다. 지금은 부득불 철수하지만, 언제 다시 중국에서 사업을 하게 될지 알 수 없는 일이었기 때문이다. 미래를 바라보고서 세금도 온전히 내고, 직원들 월급도 6개월분을 더 주고 회사를 정리했다. 받아야 할 돈은 못 받았어도 우리가 줘야 할 돈은 그 이상으로 지불했다.

중국에서의 사업은 재정적으로 보면 큰 손실이 아닐 수 없다. 하지만 내가 중국에 들어가기로 결심하고, 힘들었어도 한동안 사업을 유지한 목적은 사업 외에 한 가지 이유가 더 있었다. 중국 복음화였다. YPP가 중국 복음화의 통로로 쓰임받기를 소망했던 것이다.

지옥으로 가는 행렬

중국 사업 초창기, 나는 GE 중국 지사장과 YPP 차이나 지사장과 함께 우한에서 기차를 타고 충칭(중경)에서 열리는 세미나에 참석하기로 했다. 장거리 여행이라 침대가 있는 특실 좌석을 구입했다.

출발 당일, 침대칸에 들어서자 갑자기 숨이 안 쉬어지고 답답했다. 일단 내렸다가 다시 탔지만, 여전히 숨쉬기가 힘들었다. 딱히 심장이나 폐에 문제가 있는 것도 아니고, 공황장애도 아니었다. 어쩔 수 없이 다시 한번 기차에서 내렸는데, 출발 시간이 되었다고 기차가 그냥 떠나 버렸! 기차 안에는 YPP 차이나 지사장이 타고 있었고, GE 중국 지사장과 나만 플랫폼에 남은 것이다. 내 짐과 기차표는 우리 지사장이 모두 갖고 있었다. 황당할 따름이었다.

  GE 지사장은 시안(서안)에서 태어난 중국인인데, 그의 아버지가 12명의 자녀를 낳은 다음 도망가서 고아처럼 어렵게 살았다고 했다. 가족은 뿔뿔이 흩어졌고, 그는 캐나다로 입양되었다. 다행히 좋은 양부모를 만나 교육을 받고 공학 박사가 되었다. 그리고 GE에 입사했다가, 영어와 중국어에 모두 능통한지라 중국 지사장이 되어 금의환향한 것이다. 내가 그를 GE에 추천한 적이 있을 정도로 그와 나는 막역한 사이였다.

  둘이 함께 있다가 문제를 해결해 보겠다며 그가 역사로 가는 바람에 나 혼자 플랫폼에 남게 되었다. 그날 안개가 자욱한 우한의 기차역은 비가 많이 온 다음 어두워진 영국 런던의 풍경과 비슷했다. 우울하고 음습해서, 가뜩이나 처량한 신세가 된 내 모습이 좀 더 한심하게 느껴졌다.

  그때, 기차를 타려고 건너편 플랫폼으로 몰려드는 인파가 눈에 들어왔다. 그들이 입고 있는 옷이 모두 똑같았다. 일명

'일복'이라고 부르는 짙은 회색 작업복이었다. 안개 속에서 보니 잿빛 같았다. 게다가 모자도 회색이었다. 검은 인파의 줄이 어마어마하게 길었다. 마치 지옥으로 가는 행렬처럼 보였다. 다들 우울하고 무표정해서 더 그랬던 듯싶다. 옆 사람과 대화하는 사람도 별로 없었다. 그저 기차를 타야 한다는 일념뿐인 듯했다.

'아, 저들에게 복음이 있다면 과연 표정이 저럴 수 있을까?'
그 순간에 문득 깨달음이 왔다.
'하나님께서 내게 저 모습을 보여 주시려고 기차 안에서 숨을 못 쉬게 하신 것은 아니었을까?'

어느덧 나는 편안히 숨을 쉬고 있었다. 하나님께서 내게 무언가 말씀하시려고 이렇게 하셨다는 확신이 섰다.

'하나님께서 내게 저걸 보여 주시려고 했구나. 저 영혼들에게 복음을 전하기 위해 나를 기차에 태우지 않으셨구나!'

중국에 GE 파트너 회사를 세우려고 온 나를 통해 하나님은 복음과 생명을 전하고 싶으셨던 것이다. 가슴이 벅차올랐다. 감당할 수 없는 주님의 섭리 앞에서 온몸에 전율이 흘렀다. 내가 아는 한 가장 강력한 초고압 전류가 내 몸에 닿은 듯했다.

잠시 생각에 잠겨 있다가 정신을 차렸다. GE 중국 지사장이 역무원에게 큰소리를 내고 있었다. 중국어로 사정을 설명하는 것이었을 텐데, 내 눈에는 마치 항의하는 모습으로 보였다. 현실을 자각하니 다시 염려가 시작됐다. GE 지사장은 중국어로 소통을 하고 있었지만, 나는 아무것도 할 수 없었다.

서둘러 길을 건너 역무원을 찾아갔다. 중국어는 잘 못하니 영어로 설명을 했다. 내 영어를 다 알아듣지는 못해도 표가 없고 기차는 가버렸다는 사정은 이해한 듯했다. 나에게 따라오라는 손짓을 했다.

따라가 보니 출구 쪽 문 위에 VIP라고 쓰여 있었다. 평범한 여행객은 아닌 듯 보였는지, 일단 나가라는 제스처를 취했다. GE 지사장은 역사 안에서 여전히 누군가와 언성을 높이는 중이었다. 그와 눈이 마주쳤을 때, "나는 VIP 출입구로 나왔습니다. 당신도 거기로 나오세요"라고 일러주었다. 우리 둘은 묵던 호텔로 돌아와 리무진을 빌려 타고 충칭에 갔다.

이런 에피소드와 함께 시작한 중국 사업은 매출은 높았으나 수금이 되지 않아 무려 5년에 걸쳐 정리 작업을 한 뒤 철수를 했다. 하나님께서 맡기신 중국 땅에 복음을 전하는 일도 중국 사업의 한 목적이었지만, 사업은 수익을 내야 하는 일이니 어쩔 수 없이 정리하기로 결정했다.

그렇다고 YPP 차이나가 선교를 위해 아무런 일도 못 하고 철수한 것은 아니다. 비록 사업에는 어려움을 겪었지만, 하나님은 우리 기업을 선교적으로 사용해 주셨다. 중국에서 우리

기업이 어떻게 복음의 통로로 사용되었는지, 그 내용을 일일이 밝히기는 어렵다. 그중에서 중국에서 채용한 인재들에게 복음을 전할 수 있었던 점은 특히 감사한 일이다.

─── 중국 신천지 대표가 된 비서

사업이 재정적으로 어려워진 것도 아픔으로 남지만, 사람과의 관계가 어긋나는 것만큼 아픈 일도 없다. YPP 차이나에서 만난 직원 중에 중국 비서 한 사람을 잊을 수 없다. 그녀를 처음 인터뷰했을 때, 자신을 크리스천으로 소개했기에 인상이 각별했다. 믿음이 너무 좋아 보였고, 가족 이야기를 들어 보니 어머니 믿음이 특히 훌륭했다.

그녀의 이름은 미국식으로 ○○킴(실명을 밝힐 수 없음을 이해해 주시기를), 한국계 혈통을 가진 중국인, 이른바 조선족이었다. 중국어야 태생이니 잘하고 유창한 영어에 한국어까지 일석삼조였다. 헤이룽장(흑룡강)성 출신으로 우리나라 H자동차 중국 지사장 비서도 역임한 터라 나 같은 사람을 보좌하기에는 안성맞춤이었다.

○○킴을 처음 만났을 때 내가 물었다.

"왜 YPP로 오려고 하지요?"

"YPP에서는 크리스천을 우대한다는 말을 들었습니다."

직원 모집을 할 때 크리스천을 우대한다는 문구를 영어로 적어 넣었는데 그것을 본 모양이다. 지금은 그런 문구를 넣을 수 없지만, 그때만 해도 어느 정도 용인이 되었다. YPP 차이나에서 선교사님을 모시고 직원예배도 드렸으니까. 하지만 우리가 철수한 것처럼 그 선교사님도 나중에 중국에서 나오고 말았다. 하여튼 채용해서 일해 보니 정말 필요한 인재였다. 회사 일을 자기 일처럼 깔끔하게 처리했고, 남자 직원들도 통솔해 가며 아주 만족스럽게 일을 해냈다.

하루는 그녀가 교회 일로 한국에 가려고 하니 한국 본사에서 초청장을 보내 주면 좋겠다는 부탁을 했다. 흔쾌히 초청장을 보냈는데, 입국한 다음 나를 바로 찾아오지 않았다. 이상하다 싶어 한국 본사의 비서에게 그녀가 어디에 있는지 알아보게 했다. 하지만 연락이 되지 않았고, 일주일이 지나서야 그녀가 나타났다. 궁금해서 보자마자 물었다.

"어디를 갔다 오느라고 이제야 회사에 온 건가요?"

"회장님, 저 과천에 있는 하늘공원에 다녀왔습니다. 일주일간 교육이 있어서요."

나는 깜짝 놀랐다. 그녀는 기독교인이 아니라 신천지 교인이었던 것이다. 과천의 하늘공원에서 하는 교육을 받았다면 신천지 교인이 분명했다. 그때 나는 제자훈련을 통해 신천지의 위험성에 대해 알고 있어서 바로 알아챘다.

"그러면 신천지 훈련을 받고 온 겁니까?"

"회장님이 신천지를 어떻게 아세요?"

"알지 왜 모르겠소. 내가 신천지에 대해 이야기해 준 적도 있는데…."

제자훈련을 받을 때 담당 목사님께 중국의 신천지에 관해 의논했더니 그들에 대한 자료를 보내 주었었다. 그걸 본 신천지 신도가 그녀를 통해 나를 역으로 포섭하려 한 것 같다. 자신의 정체가 노출되자 이제 대놓고 '전도'하기 시작했다.

"회장님, 재림 예수가 이미 와 계신 걸 모르세요?"

더는 대화를 이어 갈 수 없었다.

그녀의 어머니는 한인교회를 다녔다고 한다. 하지만 가난했던 터라 다니던 교회에서 대우를 받지 못했던 모양이다. 그러다 신천지에 포섭돼 신천지 교회에 가니 왕비처럼 대우해 주었고, 곧 신천지에 빠지게 됐다. 딸에게도 신천지가 진짜 교회 같다며 전도를 했다. 신천지에서도 그녀의 직업이 좋으니 지도자로 삼을 만해 보였던지 한국에 보내 교육까지 받게 했다. 이런 것을 보면, 진정한 복음을 가진 우리 교회들이 이들에게도 배울 것이 있다는 생각이 든다. 그들보다 더 적극적으로 복음을 전하고 더 큰 사랑을 베풀며 바른 진리를 가르쳐야 한다.

할 수만 있으면 그녀의 마음을 돌이켜 보려고 애썼지만 불가능했다. 회사를 위해서는 필요한 인재였으나, 신천지 교인임을 알고는 계속 같이 근무하기가 어려웠다. 그녀가 중국으로 돌아가고 일 년쯤 지났을 때 제안을 했다.

"당신이 신천지 교인인 걸 안 이상 우리 회사에서 계속 근무하도록 할 수는 없습니다. 신천지를 택하든지 YPP를 택하든지 둘 중 하나를 고르십시오."

"잘 알겠습니다, 회장님. 기도해 보겠습니다."

기도해 본다는 것은 본부에 보고하겠다는 뜻이었다. 결국 그쪽에서 나를 포기했는지, 깔끔하게 신천지를 택하겠다고 답했다. 그리고 떠날 때 이런 말을 남겼다.

"회장님과 천국에 함께 가려고 했는데 안타깝네요."

그리고 또 일 년이 지났을 즈음, 그 사이에 마음을 돌이켰을까 싶어 상하이 출장길에 전화를 해봤다. 그녀는 어느새 중국 신천지 대표가 돼 있었다. 똑똑한 사람인지라 거기서도 금세 인정받은 것 같다. 이 일은 중국에서 사업을 하면서 재정적으로 힘들었던 것과 차원이 다른, 또 하나의 아픈 기억이다.

―――― 협력하는 일꾼의 복

아픈 기억을 더듬고 보니 YPP 차이나에서 만난 충실한 직원 몇이 떠오른다.

훗날 YPP 차이나를 정리할 때 끝까지 남아서 도와준 개리('개리'라는 이름은 내가 지어 준 영어 이름이다)를 처음 인터뷰한 중국 법인장은 그를 뽑지 않으려 했다. 체구가 왜소하고 말이 어눌하다는 이유였다.

"한국 사람은 회장님이 잘 아시겠지만 중국 사람은 제가 더 잘 알아봅니다. 제 눈이 정확합니다."

중국 법인장은 극구 반대했지만 참 신실해 보여서 나의 주장으로 개리를 채용했다. 그는 중국 법인에서 가장 인정받는 일꾼으로 성장했다. 회사를 정리할 때 마지막 재고까지 깔끔하게 처리한 주인공이 바로 개리이다.

개리는 YPP 차이나에 근무하기 전만 해도 외모와 환경이 좋지 않아 결혼을 하지 못했다. 그러나 YPP 직원이 된 다음에는 우한 대학교 교수와 결혼했다. 나는 그의 아들 이름을 '해리'라고 지어 주었다. 영국 왕실의 왕자처럼 귀하게 크라는 축복이 뜻이었다.

중국 법인을 정리하기로 결심할 무렵, ○○킴을 대신해 비서로 뽑힌 리사도 기억나는 직원이다. 역시 조선족이었다. 그녀의 어머니는 한국에서 식당일을 했다. 리사는 크리스천으로서 중국 법인을 정리하는 일을 끝까지 잘 마무리해 주었다.

중국 법인이 정리된 다음, 어머니가 일하고 있는 한국에 가고 싶다고 해서 한국 본사에 자리를 마련해 주었다. 그런데 중국에서는 능력을 발휘했지만 한국에서는 적응을 잘 못했다. 그럼에도 4년간 이 부서 저 부서로 자리를 옮겨 주면서 근무할 수 있게 배려했다. 결국 중국어학원 교사로 일하겠다며 퇴사했다.

나는 한국에서나 미국에서나 중국에서나, 보좌하는 사람에 대한 복이 있는 것 같다. 어떤 문제를 해결해야 할 때마다 하나님께서 예비하신 사람이 꼭 곁에 있었다. 앞에서 말한 ○○킴과 리사, 개리도 그렇지만, 미국의 멜리사 역시 25년 넘게 늘 내 곁에 있는 비서처럼 꼼꼼하고 철저하게 나를 도와 일하고 있다. 미국에서 감사를 실시했는데, 25년을 하루처럼 일해서 아무 흠이 없다고 했다.

참, 우한에서 기차를 놓쳤을 때 내 기차표와 짐을 가지고 갔던 지사장은 나중에 캐나다로 이민을 갔고, GE 캐나다에 입사할 수 있도록 부탁을 해왔다. 워낙 믿을 만한 친구여서 추천했는데, GE 캐나다에서도 좋은 소문이 난 모양이다. 일을 성실하게 잘해서 추천한 보람이 있다. 지금은 GE 캐나다 프로젝트 매니저로 승진해서 근무하고 있다.

나는 사람에게 일을 맡기면 일단 믿어 주는 편이다. 채근하거나 확인하는 경우는 드물다. 서로의 관계가 중요하며, 신뢰하고 믿어 주어야 자기 일처럼 적극적으로 할 수 있다고 생각한다. 그들도 그것을 잘 알고 있다.

선교와 비즈니스

일찌감치 중국 사업을 정리한 일은 결과적으로 잘한 결정 같다. YPP는 정리를 염두에 두고 5년간 서서히 작업했지만, 뒤늦게 깨달은 기업들은 미처 정리를 다 못 하고 쫓겨나듯이 사업을 접어야 했다. 현재 중국 정권의 스타일을 보면, 조금만 늦었어도 모든 것을 포기하고 나와야 했을지도 모른다. 게다가 우리 회사가 완전히 철수한 다음 몇 년이 지나 우한에서 코로나가 발생했다. 계속 있었다면 어떻게 되었겠는가!

선교사들이 사업과 더불어 선교를 하는 것을 '선교로서의 비즈니스'(BAM, Business As Mission)라고 한다. 중국에서 우리 기업이 펼친 사업을 나는 단어 순서를 바꿔 이렇게 표현하고 싶다. 'Mission As Business'(MAB)라고. 사실 단어 순서만 다를 뿐 같은 의미일 것이다. 요즘에는 해외에서 사업을 하면서 본격적으로 선교를 겸하는 분들이 많기에 딱히 구별하기도 어렵다. BAM이든 MAB이든, 사업가이면서 복음을 전하는 선교적 목적을 품은 것은 다르지 않다고 생각한다. YPP 자체가 하나님의 기업이며, 하나님께서 꼭 쓰시리라는 것을 나는 항상 믿고 있기 때문이다.

> 우리가 알거니와 하나님을 사랑하는 자 곧 그의 뜻대로 부르심을 입은 자들에게는 모든 것이 합력하여 선을 이루느니라(로마서 8:28).

10
CEO의 새벽기도

7월 15일은 내게 제2의 생일이다. 가족들도 이날을 내 생일인 양 축하해 준다. 나뿐 아니라 우리 가족 모두에게 잊을 수 없는 날이기 때문이다.

──── 제2의 생일

아들 승민이가 중학교 2학년 때, 기숙사가 있는 미국 학교로 유학을 가게 되었다. 일 년쯤 지난 어느 날, 학교에서 연락이 왔다. '패런츠 위크엔드'(parents' weekend)에 참석하라는 내용이었다. 기숙사에 있는 자녀와 부모가 시간을 보낼 수 있도록 배려하는 '패런츠 위크엔드' 행사 덕분에 우리 부부와 승민이는 기숙사 밖 호텔에서 하룻밤을 보내게 되었다.

그런데 그날 저녁, 승민이가 아빠와 단 둘이 할 이야기가 있다고 했다. 아내는 방에 있기로 하고 승민이와 나만 호텔 로비에 있는 커피숍으로 내려갔다. 승민이가 중학교 3학년 때였다.

'무슨 말을 하려고 엄마는 방에 있으라고 했을까?'

약간의 기대를 품고 궁금해하고 있는데, 아들이 가스가 찬 병마개가 열리는 것처럼 눌러 두었던 말을 꺼냈다.

"아빠, 나 안락사시켜 주세요."

처음에는 잘못 들은 줄 알았다.

"승민아, 지금 뭐라고 했니? 그게 무슨 소리야?"

"아빠, 나 죽게 해달라고요. 안락사라는 게 있대요. 부모가 허락하면 방법이 있나 봐요."

그러면서 그동안 힘들었다, 죽을 생각을 오래도록 했다면서 자기 이야기를 털어놓았다. 매일 그 생각을 하다가, 아빠 엄마가 온 김에 아빠에게 먼저 이야기하는 거라고 했다.

"아빠가 살아 있는 동안은 아빠 도움으로 살 수 있겠지만, 아빠가 죽으면 나 혼자 살아갈 자신이 없어요. 그러니까 그만 살고 싶어요."

아들의 눈에서 눈물이 하염없이 흘렀다.

믿기지 않는 말을 들으니 당황스럽기가 이루 말할 수 없었다. 하지만 그 순간에 화를 내거나 놀라는 표정을 보이면 왠지 안 될 것 같았다. 마음속으로 기도하면서 최대한 아무렇지 않은 듯 아들에게 말을 건넸다.

"그래, 네가 혼자 있기가 너무 힘들어서 그런 것 같다. 아빠가 살아 있는 동안은 네가 살 수 있겠다고 했으니 아빠가 살아 있는 동안은 같이 살아 보자. 다음에 아빠가 미국 오면 그때 다시 얘기하자. 그럴 수 있겠지?"

내 말을 이해했는지 아들은 그렇게 하겠다고 동의했다. 아들을 학교로 들여보내고 한국 오는 비행기를 타러 가기 전에 아들에게 전화를 걸었다. 아들이 울먹였다.

"아빠, 저 지금 엄마아빠랑 같이 한국에 가고 싶어요. 도무지 안 되겠어요. 더는 혼자 있을 수 없어요. 아빠…."

아들이 한 이야기를 아내에게 어렵게 전한 뒤 아들을 데려가기로 했다. 교장 선생님과 어드바이저를 만나 상담을 하니, 미국에서는 이런 경우가 종종 있는지 바로 이해를 하고 아이를 데려가도록 해주었다. 그날로 아들은 한국으로 돌아왔다.

하지만 그 일은 문제의 시작에 불과했다. 유학을 멈춘 아이는 귀국 후 깊은 상실감에 빠졌다. 우울증이 날이 갈수록 심해졌다. 아들은 죽고 싶다고, 죽게 해달라는 하소연을 계속했다. 그때 아들과 우리 부부가 겪은 고통은 다시 기억하고 싶지 않다. 깊은 우울증에 걸린 자녀를 둔 가정이라면 내 마음을 이해하실 것이다.

오전에는 회사에 나가 일을 보고, 오후에는 아내와 함께 아들을 데리고 청계산에 올랐다. 그렇게 아들을 돌보자니 기도가 간절하고 급해질 수밖에 없었다. 그렇다고 당장 일을 멈추고 기도에 전념할 수도 없었다.

'언제 어떻게 기도를 드릴 수 있을까?'

힘은 들겠지만, 새벽을 깨우는 것밖에는 시간이 없었다. 그래서 새벽에 일어나 아이를 살려 달라고, 하나님께 간절히 매달렸다. 살려 주시면 내 평생 새벽기도를 쉬지 않겠다고 서원했다. 하나님께서 우리 승민이를 살려 주실 것을 믿고, 새벽 첫 시간을 하나님께 바치기로 한 것이다. 2002년 7월 15일이었다.

해를 거듭하면서 새벽기도를 드리는 중 하나님께서 이런 음성을 들려주셨다.

"너로 하여금 새벽기도를 서원하게 한 건 네 아들을 위해서가 아니라 너 자신을 위해서이다."

그 말씀은 옳았다. 내가 하도 간절해서 서원하고 시작한 새벽기도이지만, 이후의 내 삶과 사업은 새벽기도가 살렸다 해도 과언이 아니다.

유대인에게 안식일은 율법이지만, 안식일이 유대인을 만들었다고 말하는 신학자가 있다. 안식일을 지키는 것이 종교적인 이유와 열심 때문에 하는 것이라 해도, 결국 안식일이 유대인을 유대인답게 만들고 그 삶을 이끌어 간다는 의미이다. 내게는 새벽기도가 그러했다.

처음에는 하도 답답하여 마치 하나님과 거래라도 하듯이 시작한 측면이 없지 않다. 하지만 20년 세월이 지나면서 돌이켜 보니, 그 새벽의 기도가 나를 만들어 왔다. 내가 하나님께 드린 것은 없다. 그저 새벽을 깨워 하나님께 드리겠다고 서원하고 행한 것뿐이다. 하지만 하나님이 주신 은혜는 글로 다 써내려 가기 힘들 정도로 크고 많다.

그날 이후, 서울에 있을 때는 물론이고 전 세계 어디로 출장을 가든 새벽에 기도하는 시간을 빠뜨리지 않고 있다. 머리를 식히기 위해 양평에 가 있을 때는 서울 서초동에 있는 사랑의교회 새벽예배 시간에 맞춰 오느라 새벽 4시 전에 출발을 했다. (코로나 기간에는 교회에 갈 수 없어서 집에서 새벽기도를 했다.)

새벽기도회에 참석할 때면, 주일예배 설교를 들을 때와 마찬가지로 설교 내용을 메모해 두었다. 그렇게 20년을 쓰다 보니 말씀 노트가 여러 권 보물처럼 쌓여 있다. 이 노트는 아픔을 딛고 신학 공부를 하고 있는 승민이가 더 소중히 여긴다. 훗날 안수를 받고 정식으로 설교자가 되면 설교의 절반은 자신이 준비하고, 나머지 절반은 아버지의 말씀 노트를 참고해 설교하고 싶다고 한다.

내가 새벽에 기도하는 이유는 딱 하나이다. 세상살이가 어렵기 때문이다. 기도할 수밖에 없는 삶의 문제들이 매일 쌓여 간다. 기도 없이 어떻게 그 많은 일들을 견뎌 낼 수 있겠는가? 더구나 회사를 경영하다 보면 매일매일 의사결정을 해야 한다. 나는 이런 문제를 하나님 앞에 내려놓고 새벽마다 묻는 기도를 드린다.

"하나님, 어떻게 할까요? 지혜를 주세요."

그럴 때 하나님은 평안으로 응답하신다. 하나님께 묻고 나서 평안한 마음을 주시면 하라는 응답으로 여기면 된다. 그렇게 응답받고서 실행한 일에서 크게 잘못된 적은 없다. 하나님께 여쭈었는데, 마음이 여전히 찜찜하고 불편한 경우도 있다. 그러면 일단 그 일은 서두르지 않는다. 마음에 평안이 올 때까지 그것을 놓고 계속 기도한다.

새벽기도의 유익

새벽에 하나님을 만나는 분이라면 다들 공감하겠지만, 새벽 시간은 하루 중 어떤 때보다 하나님께 집중할 수 있다. 세상에서 느낄 수 없는 것을 그 시간 동안 느끼게 해주신다. 그러니 두렵고 어렵고 힘든 날일수록 더 일찍 새벽을 깨운다. 새벽에 영적인 무엇을 맛보고 나면 크게 보이던 모든 문제가 작아진다. 맞닥뜨렸을 순간에는 아주 커 보이던 문제도 새벽기도를 하고 나면 작아지거나 아예 사라지는 경험을 종종 한다.

새벽기도를 하려면 늦어도 10시에는 잠을 자야 한다. 그래서 나는 조금 일찍 퇴근하는 편이다. 이렇게 하면, 저녁 식사는 가급적 가족과 함께한다는 원칙도 지킬 수 있다. 웬만한 비즈니스 약속은 조찬으로 하거나 점심시간을 이용한다. 부득이한 경우가 아니고는 저녁에는 거의 약속을 잡지 않는다.

아침에는 성경 읽기와 묵상으로 대략 한 시간을 쓴다. 아내가 아이들 교육을 위해 미국에 가 있을 때는 성경 통독에 더 많은 시간을 낼 수 있었다. 그때는 일 년에 다섯 번이나 성경을 읽기도 했다. 기도는 최소 30분을 하는데, 힘든 일이 많을 때는 한 시간 넘게 하기도 한다.

교회에 가서 새벽기도를 할 때는 목사님의 말씀을 먼저 듣고 그다음에 내 기도를 한다. 집에서 새벽기도를 할 때는 먼저 말씀을 읽은 다음 하나님의 지성소(성막의 가장 안쪽에 있으며 대제사장만이 들어갈 수 있는 방)에 들어간다는 심정으로 집중하여 기도한다. 이렇게 하면 내가 세상에 있지 않고 하나님의 전에 들어가 있는 듯한 느낌이 든다. 그야말로 지성소에서 드리는 기도를 매일 체험하는 것이다. 그러면 아무리 큰 염려와 근심이 몰려와도 하나님이 주시는 평안, 세상이 결코 줄 수 없는 평안으로 채워진다. 하루를 힘차고 행복하게 살 수 있게 된다.

이렇게 기도를 하고 출근해도 사무실 책상 위에 문제가 그대로 놓여 있는 날이 대부분이다. 하나도 해결되지 않을 때가 흔하다. 오히려 하루가 지나면서 문제가 더 커진 날도 있다. 하지만 기도하고 난 다음에는 그 문제들이 말린 대추처럼 쪼그라져 있다. 그러면 조금이라도 담대해진다. 결국 그 문제를 극복할 용기와 지혜를 얻어서 견디고 이겨 내게 된다.

최근에도 회사에 큰 문제가 생겼는데, 새벽기도가 있어서 이겨 낼 수 있었다.

───── **기도 외에는 답이 없을 때**

회사의 한 임원이 6개월간 독일의 유명 글로벌 회사와 메일을 주고받으며 국제적인 프로젝트를 진행한 일이 있다. 계약이 성사되면서 일종의 착수금(down payment)으로 미국에 있는 독일계 회사 계좌에 우리 돈으로 10억 원을 입금해야 했다. 나는 일이 성사되었다는 보고를 받고는 지출결의서에 사인을 했다.

그런데 며칠 후, 재무 담당 임원이 그 일에 문제가 생겼다고 보고를 했다. 내용을 들어 보니 이만저만 큰일이 아니었다.

분명 마지막 메일에서 알려 준 계좌로 입금을 했는데, 정작 그 회사에서는 "왜 아직 입금이 안 됐느냐"는 항의성 메일이 온 것이다.

"무슨 소리입니까? 우리는 알려 준 계좌로 입금을 했습니다."

"안 들어왔습니다. 당신들이 말하는 계좌는 우리 계좌가 아닙니다. 우리 계좌는 ○○○ 입니다."

아뿔싸! 전혀 의심하지 않았는데 6개월이나 주고받은 메일에 해커가 잘못된 계좌 정보를 준 것이다. 바깥의 해커가 개입한 일인지, 아니면 그쪽 내부의 누군가가 해커와 공조한 것인지는 알 수 없었다. 어찌되었든 전혀 의심하지 않고 송금한 우리의 잘못이다. 그렇다고 우리 임직원 가운데 누구를 나무랄 상황도 아니었다.

실수로 큰 금액을 잃는 것도 문제이지만, 반년 넘게 추진해 온 프로젝트가 걱정이었다. 당장은 입금된 계좌를 막아 해커에게 그 돈이 넘어가지 않게 하는 게 급했다. 우리는 주거래은행에 급히 요청하여 미국 은행에 사정을 알려 돈이 넘겨지지 않도록 해달라는 메일을 여러 차례 보냈다. 그날이 하필 미국에서는 일요일이고, 다음 날은 블랙 홀리데이(Black Holiday)라고, 흑인 노동자를 위해 제정된 공휴일이어서 전화로는 전혀 소통이 되지 않았기 때문이다. 만일 그들이 화요일에 출근해서 메일을 확인하지 않고 이체를 한다면, 돈은 바다 건너 해커에게 들어가고 말 상황이었다. 보통 문제라면 임직원들이 해결하겠으나, 이건 물리적으로나 시간적으로나 해결이 어려운 상황이었다.

뜨거운 감자처럼 만지기 곤란해진 문제는 최고책임자에게 넘어오기 마련이다. 하지만 나라고 별수 있겠는가? 당장 비행기를 타고서 미국으로 간다 해도 풀기 어려운 문제였다. 방법이 없었다.

이번에도 기도했다. 거의 이틀 밤을 꼬박 새우다시피 하며 밤낮으로 기도했다. 임직원들도 내가 기도하기 시작했다고 믿었을 것이다. 회사에 어려운 일이 있을 때마다 회장이 기도로 하나님께 매달리고, 그럴 때마다 회장이 믿는 하나님이 해결해 주시는 것을 그들도 자주 보았기 때문이다. 이럴 때는 나 혼자만이 아니라 우리 직원들도 함께 기도해서 하나님의 기적을 직접 체험하면 좋겠다는 생각이 든다.

내 비서로 20년 넘게 일한 본사의 김 이사와 미국에서 20년 넘게 같이 일해 온 미국인 비서, 이 두 사람이 시차를 무시해 가면서까지 서로 연락을 취하느라 나와 함께 이틀을 정신없이 보냈다. 서울 본사에서는 송금 사유 및 잘못된 점에 대해 증빙하는 각종 은행 서류와 계약 관련 서류를 미국의 비서에게 메일로 보냈고, 그녀는 미국에서는 일반적으로 하지 않는 휴일 연락도 마다하지 않으면서 미국 은행을 들볶기 시작했다. 화요일에 은행이 개점을 하자마자 그녀는 여러 번 전화를 걸어 메일을 먼저 보라고 경고 메시지를 전했다.

우리 사정을 알게 된 미국 은행은 서울의 은행에 연락해 확인하겠다고 응답했다. 다행히 정식 이체 직전에 우리 주거래 은행이 보낸 여러 건의 메일을 미국 은행이 확인하면서 해커에게로의 이체는 보류되었다. 그리고 YPP로 돈을 돌려보내겠다는 회신이 왔다. 그 답을 듣기까지 얼마나 기도했는지 모른다. 돈도 돈이지만, 그 일이 잘못되면 회사 분위기와 프로젝트가 무척 어려워졌을 것이다. 또한 회사에서 중요한 일을 계속 맡아야 할 인재들도 위축되었을 것이다.

───── **기도는 내가, 해결은 그분이**

이 문제를 해결하기까지 약 사흘간 나는 이 건을 진행했던 담당 임원을 한 번도 호출하지 않았다. 메일이 해킹된 것을 알아채지 못하고 지출결의를 진행했던 임원이다. 하지만 불러서 따져 본들 해결될 일도 아니고, 그는 또 얼마나 가시방석에서 좌불안석이었겠는가? 그는 하필 승진 대상자였다.

문제가 해결돼 한숨 돌리고서 퇴근을 하려는데, 사흘간 못

본 그 임원과 복도에서 우연히 마주쳤다. 그가 멋쩍어하며 말을 건넸다.

"아유, 회장님, 저 며칠간 죽는 줄 알았습니다. 지금 회장님 뵈니 다행이지, 회장님 얼굴 어떻게 뵙나 하고 걱정이 이만저만 아니었습니다."

"나도 그랬네. 그래도 하나님이 해결해 주셔서 문제가 풀렸으니 다행이네. 자네도 걱정 많았지? 수고했어."

생각해 보니 송금한 날이 평일이었으면 해커에게 바로 입금이 되었을 텐데, 미국이 토요일부터 월요일까지 마침 휴일이어서 막을 수 있었다. 이 일도 하나님께서 도와주셨다.

새벽에 매달리는 기도로 해결된 회사 일은 셀 수 없이 많다. 이제는 회사에 어려운 일이 생길 때마다 직원들도 '회장님이 기도하시니 해결되겠지' 하며 막연하게 기대하는 것 같다. 하지만 반은 맞고 반은 틀리다. 기도는 내가 하지만, 해결은 하나님이 하신다. 우리 직원들이 그런 하나님을 직접 만나면 얼마나 좋을까! 이 역시 기도제목이다.

────── **영으로 하는 기도**

나는 새벽에 드리는 첫 기도를 감사와 가족들에 대한 회개기도로 시작한다. 욥이 가족을 위해 기도한 것을 본받는 기도 방식이다.

욥은 일곱 명의 아들과 세 명의 딸들이 생일파티를 하러 모일 때마다, 다음 날 아침에 자녀들의 명수대로 번제를 드렸다. (아마도 새벽부터 그랬을 것이다.) 자녀들이 혹시 죄를 범하여 마음으로 하나님을 욕되게 하였을까 염려했기 때문이다.

나도 그렇지만, 우리 아이들도 살다 보면 알게 모르게 죄를 범할 수 있다. 그걸 욥이 번제를 드린 것처럼 회개하는 것이다. 그런 다음에는 나와 아내와 아이들을 십자가 밑에 내려놓는다. 십자가의 보혈로 정결케 해달라고 용서와 회복을 구하는 기도를 한다. 이어서 성령님께서 친히 나의 간구를 도와주시기를 기도한다. 기도는 영으로 하는 것이므로, 기도의 영을 부어 달라고, 기도의 문을 열어 달라고, 예배의 영을 부어 달라고 기도한다.

기도가 깊어지면 순간적으로 하늘 위로 올라가 있는 것 같은 기분을 느낀다. 마치 하나님께서 천사를 보내셔서 나를 붙들어 주고 계신 것만 같다. 나는 구약과 신약이라는 하나님의 말씀의 세계 속에서 날마다 기도드린다. 그리고 매일의 기도를 통해 하나님께서 내 삶을 이끄시고 주관하심을 깊이 경험한다.

새벽에 듣는 음성

우리는 죽으면 천국에 가서 하나님을 만나고, 하나님이 우리와 함께 계실 것이라고 배웠다. 물론 그렇게 될 것이지만, 살아서도 하나님을 만날 수 있다는 것을 나는 매일 새벽기도를 통해 체험한다.

기도한다고 해서 내 눈으로 하나님을 보는 것은 아니다. 하지만 유리창으로 가려진 방 건너편에 누가 있을 때 느낌으로 알아채는 것처럼 나도 기도 중에 하나님의 살아 계심이 느껴진다. 처음에는 유리창을 사이에 두고 대화하는 듯하다가 어느 사이에 하나님이 내 곁에 오셔서 나를 만져 주고 계시다는 느낌이 든다. 그리고 내 이름을 불러 주신다.

"종만아! 종만아!"

그때 들리는 목소리는 아주 오래전 내가 중학생일 때, 호롱불을 들고 나를 부르시던 아버지의 목소리를 닮았다. 하나님은 오늘도 새벽마다 내 이름을 부르며 위로하고 힘을 주고 계신 것이다.

앞길이 어두워서 아무것도 보이지 않아도 걱정하지 말라고, 하나님께서 불빛이 되셔서 내가 가는 길에 빛이 되고 있다고 말씀하신다. 그러니 당장은 눈앞이 캄캄해도 믿음으로 하나님을 향해 발걸음을 내디디라고 격려하신다. 나는 지금도 새벽마다, 중학생 때 들었던 아버지의 음성을 하나님의 음성으로 듣는다.

그때부터 나는 나를 위한 기도는 내려놓고 하나님나라를 위해 기도한다. 세계와 우리나라를 위해, 그리고 북한을 위해 기도한다. 통일과 그 이후를 위해서도 기도한다. 그런 다음에는 교회를 위해, 회사를 위해 기도한다.

회사를 위해서 빠뜨리지 않는 첫 번째 기도제목은 좋은 인재들을 보내 달라는 것이다. 두 번째는 좋은 사업 아이템을 알려 달라는 기도이다. 세 번째는 좋은 고객들과 파트너가 되어 사업의 지경을 넓혀 달라는 기도이다. 하나님께서는 기도의 응답으로 넘치도록 좋은 인재와 사업 아이템을 보내 주고 계시다. 한 번도 계획해 본 적 없는 사업을 임직원들이 들고 오는데, 내가 보기에 그것은 하나님이 주신 것이다. 우리가 영업 활동을 한 곳도 아닌데, YPP에서 나갔던 직원들이 해외에서 일하다가 연락이 닿아 수주하게 되는 경우도 종종 있다.

하나님은 놀랍게도 새벽의 기도에 응답하고 계시다. 지금까지도 그러셨고, 이후로도 그러실 것이다. 어떻게 이끌어 가실지는 알 수 없다. 오직 그렇게 하실 것을 믿을 뿐이다. 사람들은 묻는다.

"이만큼 했으니 이제 쉬시죠. 40년 동안 이 정도 이루셨으니 그만하셔도 되지 않나요?"

아니다. 오히려 지금이 시작이다. 하나님께서 어떻게 우리 회사를 인도해 나가실지 정말 기대가 된다. 내일 새벽에는 하나님이 또 어떤 생각과 마음을 주실지 궁금하다.

내가 드리는 새벽기도의 특이점을 누가 묻는다면, '예방 기도'라고 말해 주고 싶다. 무슨 문제가 발생했을 때 그 일을 해결하기 위해 기도를 하기도 하지만, 평상시에는 하나님의 마음에 합한 사람이 되기 위해, 하나님과 교제하며 그분을 영화롭게 하는 기도를 많이 드린다. 이런 기도를 드리다 보면 신앙 내공이 쌓여서 아무리 큰 문제가 생겨도 그것을 하나님께서 능히 해결해 주시리라는 믿음이 생긴다. 예방주사를 맞아 놓으면 질병이 찾아와도 살짝 앓고 지나가는 것처럼 예방 기도를 드리면 이 또한 지나가리라는 확신이 든다.

기도 중에 받은 마음

오랜 시간이 지나 아들 승민이는 거의 다 회복이 되었다. 신학을 공부하는 과정이 다른 이들보다 시간적으로 많이 걸린 편이지만, 옛날을 생각하면 지금은 온전히 회복된 모습이다.

아들의 병이 하루이틀에 나아진 것은 물론 아니다. 미국에서는 우울증을 감기 정도의 가벼운 질병으로 여긴다지만, 과거 우리나라에서는 정신병이라고 하면서 편견이 심했다. 그래서 8년 정도 아내가 아이들을 데리고 미국에서 살기도 했다. 결혼하기 전까지 신앙생활을 하지 않았던 아내는 나를 만나 교회에 나갔지만 믿음이 깊지 못했다. 하지만 아이들과 미국에서 생활하는 동안, 믿음의 은사가 생겼다고 자부할 정도로 아내의 신앙에 불이 붙었다. 이 또한 감사한 일이다.

아내의 신앙이 깊어진 뒤로 내가 새벽기도를 하면서 받은 음성을 아내에게 들려주곤 한다. 어느 날은 하나님이 우리 승민이를 사용하실 것이라는 예언 같은 음성을 듣고 아내에게 말해 주었다. 말하는 나 역시 믿기 어려운 사실이었다. 그런데 아내는 의외로 내 말이 쉽게 믿어진다고 했다. 본인도 힘들고 부모도 고통스럽게 했지만, 우리 아이가 주의 종으로 쓰임받을 거라는 말을 나나 아내는 진심으로 믿었다. 언젠가 자신처럼 정신적으로 고통받는 청소년들과 상처 입은 아이들을 섬기는 사역자가 되리라는 것을. 그리고 하나님은 승민이를 그렇게 이끌어 가고 계시다.

승민이가 아픈 뒤로 아내는 우리 아이가 좋은 대학을 가는 것은 생각도 못 했다. 그저 고등학교 생활을 잘 마무리했으면 하는 바람뿐이었다. 아픈 승민이를 위해 아내는 한인교회 미국인교회 할 것 없이 기도 모임을 찾아다녔다. 학부모 기도 모임에 나오는 부모들의 기도제목은 대부분 이랬다.

"아이가 게임만 하고 공부는 안 해서 걱정이에요. 좋은 대학을 가야 하는데…."

아내는 우리 아들이 그저 평범하기라도 하면 얼마나 좋을까 생각하면서 내심 부러웠다고 한다. 그러던 참에 내가 아내에게 하나님이 주신 아들에 대한 비전을 말하니 그것을 믿고 기도제목으로 삼은 것이다.

나 역시 아내와 아이들이 미국에 가 있는 동안 새벽기도회를 다녀오다가 부럽다고 생각한 장면이 있다. 압구정동에 있는 S교회를 다닐 때였는데, 어떤 어머니가 시각장애인 아들의 손을 잡고 새벽기도를 하러 교회로 들어가는 모습이 보였다.

'차라리 내 아들이 우울증이 아닌 저런 장애였으면 좋겠다.'

하도 어려운 시간을 보내고 있었기 때문에 그런 생각까지 했다. 하지만 그 부모에게는 얼마나 미안한 일인가. 그럴 정도로 우리 부부는 힘이 들었다. 하지만 아들 덕분에 기도의 사람이 될 수 있었으니 그저 감사할 뿐이다.

기도는 응답을 받기 위해서도 하지만, 하나님과 가장 친밀한 교제를 나누기 위해서 한다. 기도 중에 하나님은 여러 비전을 보여 주신다.

어느 날 주님께서 "종만아, 내가 너를 칠십부터 더 크게 쓸 것이다"라는 말씀을 주셨다. 아무리 생각해도 현실에서는 도저히 실현 불가능한 일이었다. 하지만 칠십이 넘은 지금 하나님의 말씀이 무엇을 의미하는지 나는 목도하고 있다. 전기 분야 사업만 지속해 오던 YPP가 지식산업센터를 지으며 건축 시행 사업 분야로 영역을 확대하고, 가산디지털단지 전체에 지적·영적으로 변화를 추구하는 일들을 도모하고 있다. 또한 정부 차원의 프로젝트까지 관여하게 하시고 있다. 내가 무엇을 계획해서가 아니라 하나님께서 지혜를 주시는 대로 순종하며 따라감으로써 일어난 일들이다.

승민이의 건강 때문에 시작한 새벽기도이지만, 이제는 그 시간이 나의 영성을 지키고 건강과 사업을 지키는 힘이 되어 주고 있다.

하나님이여, 내 마음이 확정되었고 내 마음이 확정되었사오니 내가 노래하고 내가 찬송하리이다. 내 영광아 깰지어다. 비파야, 수금아, 깰지어다. 내가 새벽을 깨우리로다(시편 57:8-9).

11
젊은이여, 야망을 품으라

기업가로서 어느 정도 자리를 잡고 보니, 학생들에게 강연을 해달라는 요청이 종종 온다. 학생들 앞에서 내가 주로 하는 이야기는 '꿈'에 대한 것이다. 내 경우, 가난하고 힘들고 어려운 환경 속에서도 나를 향한 꿈이 있었기에 공부도 운동도 열심히 했다. 그런데 지금 시대 청소년들과 청년들은 꿈꾸기를 두려워한다고 한다. 주어진 삶의 환경을 변화시킬 기회가 점점 줄어들고, 부모님이나 세상의 기대치가 높아 그에 맞추어 수동적으로 살아가기 때문이 아닌가 싶다. 이해하고 공감한다. 마음이 아프다. 하지만 꿈은 사람을 살게 하는 힘이다.

나는 하나님을 만나게 되면 누구나 꿈을 꾸게 된다고 믿는다. 나이 칠십이 넘어서도 꿈을 꾸는데, 하나님을 만난 청소년과 청년은 어떻겠는가? 하나님을 만나고 그분께 순종하는 자에게는 못 이룰 꿈이 없다. 이것을 믿기에 나는 이 시대의 청소년과 청년들이 다시 '꿈을 꾸도록 돕는 꿈'을 꾸고 있다. 내가 만난 하나님, 이 하나님으로 말미암은 삶의 모든 복을 누리도록 소개하고 싶은 것이다. 내가 이 책을 쓰는 또 하나의 이유이기도 하다.

S교회가 설립한 탈북민 대안학교 이사로 섬긴 적이 있다. 북한에서 남한으로 온 학생들은 한국의 기업이 어떤지 체험할 기회가 많지 않다. 그래서 우리 회사 사옥으로 초청해 회사를 구경시키고, 직원식당에서 함께 점심을 먹으며 대화를 나누었다. 같이 오신 교감선생님이 내게 인사말을 하라고 하셔서 내 삶의 스토리와 회사 소개를 해주니 여러 학생이 이런저런 질문을 했다. 특히 YPP 같은 회사에 취업하려면 무슨 공부를 해야 하는지, 어떻게 이 회사를 일구어 왔는지 물었다. 나는 어릴 적 경제적으로 힘들고 어려웠지만 하나님을 만남으로써 꿈이 생겼고 그 꿈이 현실이 되고 있음을 말해 주었다.

기성세대는 요즘 친구들은 이래서 안 되고 저래서 안 된다는 말들을 많이 한다. 하지만 학생들을 만나서 직접 대화해 보면, 아이들 개개인 안에 하나님이 만들어 두신 창조성이 꿈틀대고 있음을 느낀다. 이런 친구들이 하나님을 인격적으로 만나 자신 안에 있는 가능성을 발현할 수 있으려면 기업인들이 더 좋은 일자리를 마련하고 세계를 상대할 수 있는 실력을 키울 기회를 마련해 주어야 한다.

─────── "저 학생을 도와주어라"

탈북청소년들을 만났을 때의 일도 잊을 수 없지만, 모교 후배들과의 만남은 좀 더 특별한 경험이었다.

2013년 봄, 모교의 자매학교인 순천매산여자고등학교(내가 다닐 때는 남녀공학이었는데 지금은 남고와 여고로 나뉘었다)에서 초청을 해서 강연을 하러 갔다. 아무리 세상적으로 성공한 선배라지만, 잘 모르는 나이 든 사람이 강단에 서니 처음에는 집중하지 않는 눈치였다. 하지만 내가 순천에서 가까운 참샘마을에서 태어나 순천까지 통학했던 이야기를 시작으로 서울로 올라가 사업하게 된 사연 등을 풀어 가자 귀를 기울였다.

약 100분간 진행되는 강연 내용의 중심은 '꿈이 있는 미래를 설계하고, 긍정적인 사고와 함께 겸손하게 살아가라'는 당부였다. 정직하지 못해 실패한 사람과 기업의 예를 들면서 '정직'을 강조하고 "세계에 좋은 영향을 미칠 수 있는 글로벌 리더가 매산여고에서 많이 배출되길 기도한다"며 마무리를 했다.

강연을 마친 다음 질문 있는 학생은 손을 들라고 하니 수십 명이 "저요, 저요!" 하면서 손을 들었다. 시작할 때 썰렁하던 반응과 대조되는 분위기였다. 그중에서 한 학생을 잊을 수 없다. 외모는 참한데 왠지 어두워 보였다. 그래도 상기된 얼굴로

똘똘하게 내게 이렇게 질문했다.

"회장님, 아니 선배님! 저도 … 나중에 YPP에 가고 싶은데, 그러자면 제가 무얼 해야 하나요?"

당돌하기도 했지만, 세상을 긍정적이고 적극적으로 살려고 애썼던 나를 닮은 것 같아서 기특했다. '잘난 척한다'며 뒤에서 수군거릴 수도 있을 텐데 전교생이 보는 자리에서 당당하게 묻는 것은 진실로 용기 있는 태도이다. 나는 그 학생에게 우리 회사에 올 수 있는 여러 전공과 경로를 짧게 이야기해 주었다.

"YPP가 전력 IT 전문업체이니까 관련한 전공을 하면 도움이 됩니다. … 또한 실무를 하다 보면 영어를 필요로 할 때가 많으니 학창 시절에 영어 공부를 열심히 하면 좋습니다."

그런데 그 순간, 하나님께서 이런 마음을 주셨다.

'저 학생을 도와주어라.'

하나님의 말씀이 분명하기에 같이 간 비서에게 그 즉시 요청했다.

"저 여학생 이름하고 연락처 좀 알아 두게."

그리고 그날 강당에 모인 모든 학생 앞에서 공개적으로 약속을 했다.

"질문한 학생! 대학에 입학하면 YPP가 4년간 등록금을 내주겠습니다."

내 말에 난리가 났다. 안 그래도 그날 매산여고 측에 별도로 장학금을 전했는데, 강연 자리에서 특정한 학생에게 장학금을 또 약속했으니 얼마나 반응이 뜨거웠겠는가.

강연을 마친 뒤 교장실에서 다과를 나누던 중 교장선생님이 흥분하며 말을 이었다.

"아니, 회장님! 그 학생이 누군지 알고 그러셨습니까? 그 학생이 우리 학교에서 가장 가난하고 불쌍한 아이입니다. 부모 없이 할머니하고 살아요. 대학은 꿈도 꿀 수 없었어요. 그런데 오늘 회장님이 저 아이에게 꿈을 주신 겁니다!"

그 학생은 열심히 공부해서 매산여고 졸업 후 순천대학교에 입학했다. 그리고 2개월쯤 지나 우리 회사로 그 학생이 연락을 해왔다.

"회장님이 저에게 장학금을 주시기로 했는데, 아직 장학금을 못 받았어요."

어찌된 일인가 싶어 알아 보니 이런 사연이 있었다. (마침 순천대학교와 YPP가 산학협동 MOU를 맺고 있어서 어렵지 않게 확인을 할 수 있었다.) 우리 회사에서는 그 학생에게 바로 장학금을 지급했는데, 동급생 중에 하필 동명이인이 있었다. 학교의 행정 착오였는지 YPP가 보낸 장학금이 매산여고 출신 학생이 아닌 다른 학생에게 잘못 전달된 것이다. 그렇다고 해서 이미 받은 장학금을 돌려 달라고도 할 수 없어 학교 측에서는 부랴부랴

매산여고 출신의 학생에게 총장 명의의 장학금을 별도로 지급했다. 결과적으로는 두 학생 모두 장학금을 받게 되었다.

질문했던 그 여학생은 YPP에 입사하지 못했다. 건축설계를 전공하면서 자신의 진로를 다른 방향으로 잡았기 때문이다. 그 학생은 많이 미안해했지만 나는 상관이 없다. 꿈을 펼쳐 가는 데 작은 도움이라도 되었다면 그만이니까.

그날 강연을 마치고 올라온 뒤로 매산여고 학생들 십여 명이 내게 편지를 보내왔다. 한결같이 "회장님의 이야기가 꿈과 희망이 되었습니다!"라는 내용이었다. 나는 그 편지들을 보물처럼 보관하고 있다.

─────── **꿈이 있는 사람의 눈빛**

아이들에게 꿈을 꾸라고 독려하는 나 역시 청소년 시절 구체적인 꿈은 없었다. 고등학교 때 공군사관학교에 가서 비행기 조종사가 되는 꿈을 잠시 꾸었으나 어머니의 반대로 금세 좌절되었다. 대학에는 가고 싶은데, 매산여고의 그 학생처럼 집안 사정이 이러워 일반 대학에는 갈 수 없는 형편이었다. 사관학교는 학비 없이도 다닐 수 있다는 이야기를 듣고, 이왕이면 공군사관학교에 가서 비행기 기장이 되면 좋겠다고 생각한 것이다. 학생회장도 했고, 운동도 좋아하고, 통학하는 동안 자전거 타기와 걷기로 체력 단련도 했으니 사관학교 입학은 어렵지 않아 보였다.

하지만 어머니가 처음부터 반대를 하셨기 때문에 바로 포기했다. 어머니는 공군사관학교는 절대 안 된다며 머리를 싸매고 누워 버리셨다. 5녀 1남 외동아들이라 군대 보내는 것도 두려운데, 비행기를 타다니 말도 안 되는 소리라고 하셨다. 그때만 해도 시골 어른들은 비행기를 타면 죽는다고 믿으셨다. 그러고 나니 도시로 나가 돈 버는 일 외에는 그럴싸한 꿈이 떠오르지 않았다.

고등학교 때 좋은 선생님들을 만나 '세계적으로 활동하는 어떤 사람이 되겠다'고 생각하고 열심히 공부했지만, 어쩌면 내 솔직한 꿈은 가난에서 탈출하는 것이 아니었나 싶다. 30대 청년들이 힘든 현실에서 탈출하기를 바라는 마음으로 '해방일지'를 쓰는 것을 주제로 한 드라마처럼, 나 역시 가난에서 해방되는 것, 시골을 벗어나는 것이 내 꿈이었다.

뭔가 그럴싸한 꿈을 품고 있든 시골을 탈출하는 꿈을 꾸든, 꿈이 있는 사람은 눈빛부터 다르게 보이나 보다. 동네 어른들은 다른 아이들에 비해 나를 좀 특별하게 보셨다. 어린아이에게 곧잘 말도 걸어 주셨으니까.

"종만이는 나중에 커서 뭐가 되도 될 것 같다."

"동네 안 떠나고 농사를 지어도 크게 지을 녀석이야."

친구들도 "종만이 너는 나중에 농사를 지어도 잘할 것이다. 마을 청년회장은 따놓은 당상이다" 하는 말을 많이 했다.

시골을 떠나 돈을 벌려면 무엇을 해야 할까 고심하다가 내린 결론이 어느 도시 한구석에서 분식집을 하는 것이었다. 남들이 들으면 웃을지 몰라도, 분식집을 열면 최소한 배고픔은 면할 수 있겠거니 생각했다. 언젠가 아이들에게 아빠 꿈이 분식집 사장이었다고 말하니 "아빠는 분식집 사장을 했어도 잘했을 거예요" 해서 온 가족이 웃었다. 이어서 아들이 말했다.

"아빠는 중학교에 못 가고 참샘마을에 계속 사셨어도 잘살았을 거예요. 동네 청년회장까진 무난히 하셨겠죠."

그러고 보니 '공부를 할 수 없다면 그 동네 땅을 모두 사서 크게 농사짓고 살고 싶다'는 꿈도 있기는 했다. 나의 아버지는 땅 가진 사람들의 땅을 부쳐 먹는 소작농이지만, 나는 그 땅을 다 사서 내 것으로 만들겠다는 '거창한' 꿈을 꾸기도 했다. 내 속에서 꿈틀대는 욕망이 눈빛에 어려 있어서 동네 어른들이 나를 특별하게 보셨는지도 모른다.

꿈이 있는 사람은 출신과 형편을 떠나서 눈빛부터 다르다. 그래서 나는 직원을 면접할 때면 눈을 먼저 본다. 꿈이 있는지, 열정이 있는지 여부가 눈빛에서 드러나기 때문이다.

─── 남을 위하는 꿈을 꾸라

어릴 때 자주 듣던 격언이 있다. "소년이여, 꿈을 가지라!" 영어로는 "Boys, be ambitious!"로, "소년이여, 야망을 품으라"로 번역할 수 있다. 안타깝게도 요즘에는 이 말을 잘 쓰지 않는다. '헬조선'이라는 말은 이미 낡아 버렸고, 야망은커녕 작은 희망조차 품기 어려운 세상이 됐다고 푸념을 하고 있다. 이제는 '야망'이라 하면 오히려 부정적인 이미지가 더 그려진다. 남보다 더 가지려는 욕심, 남을 자기 발아래 두고서라도 위에 서고 싶은 욕망 같은 느낌을 주는 탓이다.

 이 말은 원래 일본 삿포로 농업학교에서 학생들을 가르친 윌리엄 스미스 클라크(William Smith Clark)라는 분이 고향으로 돌아가면서 학생들에게 마지막으로 남긴 연설에서 유래했다고 한다. 전문(全文)을 보면, 오늘날 우리가 그분의 본래 메시지를 잘못 이해하고 왜곡한 걸 알 수 있다.

> **BOYS, BE AMBITIOUS**, not for money, not for selfish accomplishment, not for that evanescent thing which men call fame. Be ambitious for attainment of all that a man ought to be.
>
> (소년이여, 야망을 가져라. 돈을 위해서도 말고, 이기적인 성취를 위해서

도 말고, 사람들이 명성이라 부르는 덧없는 것을 위해서도 말고, 단지 인간이 갖추어야 할 모든 것을 얻기 위해서.)

돈과 이기적인 성취와 명성을 얻기 위한 야망을 가지라는 말이 아니다. 자기만을 위한 꿈을 가지라는 말이 전혀 아니다. 인간이 갖추어야 할 모든 것, 즉 인격, 교양, 덕, 사랑 같은 것, 사회와 타인에게 기여하고 봉사하는 꿈을 가지라는 말이다. 그런 의미에서, 나는 오늘 이 시대의 젊은이들에게 담대히 말한다.

"꿈을 가지십시오! 야망을 품으십시오! 남을 돕기 위해 돈 벌기를 꿈꾸십시오. 이왕이면 큰 꿈을 꾸십시오. 고용을 창출하기 위해 사업에 도전하는 꿈을 꾸십시오. 유명해지기 위한 꿈, 내가 돋보이기 위한 꿈이 아니라, 세상에 도움을 주고 사람을 더 많이 사랑할 수 있게 되는 꿈 말입니다! 그 꿈은 나 스스로 이룰 수 없습니다. 하나님이 함께하셔야 이룰 수 있습니다!"

사람이 마음으로 자기의 길을 계획할지라도 그의 걸음을 인도하시는 이는 여호와시니라(잠언 16:8).

SEE

하나님이 말씀하시기를
"말세에 내가 내 영을 모든 육체에 부어 주리니
너희의 자녀들은 예언할 것이요
너희의 젊은이들은 환상을 보고
너희의 늙은이들은 꿈을 꾸리라."

사도행전 2:17

12
아르센타워의 기적

"하나님, 살려 주십시오. 이대로는 저희 회사 더는 못 버팁니다. 대출도 받을 만큼 받아서 사옥을 파는 것 외에 다른 길이 없습니다. 하나님, 어떻게 하면 좋습니까? 저 좀 살려 주십시오."

"종만아, 내가 네게 그 땅을 주었는데, 너는 왜 그 땅에 새 건물을 올리지 않느냐?"

"……."

한 번도 생각해 보지 않은 뜻밖의 응답에 YPP는 2011년부터 사용해 온 사옥을 헐고 그 자리에 가산 'YPP 아르센타워'(Gasan YPP Arcen Tower, 2020년 11월-2023년 3월)를 건축했다. '아르센'은 '아름다운 세상'이라는 한글 발음에서 유추한 것이다. 지하 3층 지상 20층의 건물로 지하철 가산디지털단지

역과 독산역에 가깝고 안양천이 내려다보인다. 아파트형 공장과 상가, 사무실, 기숙사 등이 들어 있고, 지상 7층까지는 사무실 앞까지 차량이 드나들 수 있는 '드라이브 인 시스템'을 갖추었다. 각자의 사무실 문 앞에서 제품 및 부품을 싣고 내릴 수 있도록 설계했다.

외관은 유럽풍으로 디자인하여 삭막한 도시형 사무실보다는 호텔이나 갤러리 같다는 평가를 듣고 있다. 엘리베이터도 호텔에서 쓰는 것과 같은 고급 디자인을 선택했다. 과거 어둡고 칙칙한 공단 이미지에서 벗어나 품격이 전혀 다른 건물을 지은 것이다. 사업가로서는 외장이든 내장이든 싼 자재로 지어야 이윤이 많이 남는다. 하지만 수익만을 위한 건물이 아니다. 가산디지털단지 안에 아름다운 세상을 만들고 싶은 꿈의 일환이다.

─── 성경을 제본하던 공장이 YPP 사옥으로

현재 아르센타워가 지어진 옛 사옥을 마련하게 된 사연은 이렇다. 회사가 커지면 효율적인 업무를 위한 사무 공간이 필요해진다. YPP의 규모가 커지면서 사무실과 공장을 모두 배치하고, 직원들이 함께 식사하고 예배도 드릴 수 있는 사옥을 달라고 매일 새벽 기도를 하고 있었다.

그러던 어느 날, 내가 가끔 가던 양복점 대표가 건물을 하나 소개해 주었다. (이분은 가톨릭 신자였다가 개종하여 나를 따라 같은 교회에 다녔고, 내가 순장으로 섬기던 다락방의 순원이 되었다.) 소개받은 건물을 찾아간 순간, 마치 이성을 만날 때 내 짝이라는 느낌이 오는 것과 같은 기분이 들었다. 내부는 들어가 보지 못하고 외관만 보는데도 하나님이 주신 곳처럼 느껴졌다.

마음이 흥분되어 소개해 준 그분에게 건물을 사겠다고 전해 달라고 바로 전화했다. 그리고 잠시 후 전화가 왔다.

"회장님, 하필이면 어제 다른 사람에게 팔렸다고 합니다. 이걸 어쩌죠?"

"제가 그 건물 꼭 사고 싶은데…. 아직 계약서를 안 썼다면 나하고 계약하자고 다시 부탁을 해보세요."

"그런데 매매하기로 하고, 같이 골프까지 쳤다고 하네요."

계약서를 쓰지 않았다고 해도 사업하는 사람들이 따로 만나 골프까지 쳤다면 이미 끝난 일이나 다름없다. 그럼에도 내 마음에 그 건물이 떠나지를 않아 2년 동안 일주일에 한 번은 퇴근길에 굳이 차를 돌려 그 앞을 지나가곤 했다.

그리고 2년쯤 지난 어느 날, 무심코 경제신문 부동산 매매 광고면을 보고 있는데 낯익은 건물이 보였다. 다른 건물인 것처럼 꾸몄지만, 아무리 봐도 2년 전에 놓친 그 건물이었다. 직원을 불러 부탁을 했다.

"그때 내가 봤던 건물, 팔겠다고 광고가 나왔는데 한번 알아봅시다."

"회장님, 그 건물 아닙니다. 같은 물건이 아닌데요…."

"아니야. 내 촉이 맞을 거야. 얼른 가서 알아봐요."

아니나 다를까. 그때 그 건물이 맞았다. 매입한 지 2년 만에 되팔게 되면서 지인들 보기에 민망했던지, 다른 건물처럼 보이도록 광고 정보를 살짝 꾸민 것이다.

지체할 겨를 없이 다음 날 건물주와 만나기로 약속을 잡았다. 2년 만에 처음으로 건물 내부까지 들어가 보았다. 발을 들여놓는 순간 기절할 뻔했다. 그 건물은 성경과 찬송가를 제본하는 공장으로 사용되고 있었다. 한글성경뿐 아니라 전 세계의 언어로 성경이 제본되는 곳이었다.

건물은 가동과 나동으로 되어 있고 공장과 사무실, 식당과 강당 등으로 나뉜 공간이 내가 구상하던 그 구조였다. 특히 가동의 6층은 강당으로 쓰이고 있었는데, 조금만 손을 보면 예배당이 될 수 있겠다 싶었다. 나동에는 우리 임직원이 한꺼번에 식사할 수 있는 식당도 있었다. 하나님이 우리를 위해 예비해 두신 공간이 확실했다.

나는 성경 회사 대표인 건물주에게 "어느 교회에 다니시나요?" 하고 물었다. 그러자 뜻밖의 답이 돌아왔다.

"하하. 저는 교회에 다니지 않습니다. S기업 회장 비서실에서 근무하다 이 사업을 시작한 지 40년이 되었습니다."

"아니, 어떻게 예수도 안 믿는 사람이 성경을 만드는 사업을 할 수 있지요?"

"제가 대형교회 목사님들을 좀 아는데, 다들 나를 장로로 알고 있습니다. 하하."

나는 그에게 복음을 전하고 싶다고 말했다. 그러면 보통은 됐다면서 거절을 하는데, 그는 내 말을 듣겠다고 했다. 그래서 짧게 복음을 전했다.

"회장님, 안 그래도 요즘 마음이 너무 이상했어요. 제본이 제대로 됐는지 확인하다 보면 옛날에는 그냥 글자로 보였는데 요즘은 말씀으로 보이더라고요. 이제 진짜 교회를 나갈 때가 됐나 하고 있었는데, 회장님을 만나게 되었네요."

그러면서 자연스럽게 그 건물을 사고팔기로 합의했다. 하지만 가격이 문제였다. 나는 그가 2년 전에 산 가격에 은행이자와 프리미엄을 붙여서 가격을 제안했다. 하지만 그는 성에 차지 않았던지 "대한민국 다른 사람에게는 팔아도 YPP 백 회장에겐 안 팔겠다"는 말을 중개업자를 통해 전했다.

'이번에도 포기해야 하나? 하나님이 주실 거면 언제라도 하나님의 때에 맞춰 주시겠지. 지금껏 그래 온 것처럼 하나님보다 앞서가려 하지 말고 그분 뜻에 따라가자. 하나님이 어떻

게 역사하실지 기다려 보자.'

그렇게 6개월을 기다렸다. 어느 날, 부동산 중개업자가 찾아왔다. 그 회사의 회장, 건물주가 보낸 사람이었다.

"이 건물 주인은 YPP 백 회장님이시랍니다. 회장님이 원하시는 조건에 드리겠다고 합니다."

2년 6개월 만에 첫눈에 반한 그 건물을, 그것도 내가 원하는 조건에 매입하게 되었다.

"하나님의 기업이 들어오는데"

계약을 한 후 일주일쯤 되었을 때, 건물을 매각한 회사 회장님이 식사를 대접하고 싶다고 연락을 해왔다. '결국 나에게 팔 것을 그동안 왜 팔려고 하지 않았는지' 묻고 싶어 바쁜 일정이 있었지만 약속을 잡았다. 식사 자리에 앉자 쇼핑백에 뭔가를 담아 선물이라며 주었다. 꺼내 보니 찬송가가 합본된 성경책이었다.

"백 회장님, 이거 제가 기계 돌려 직접 제본한 성경책입니다. 회장님께 선물로 드리려고 만든 것이지요. 이걸 앞으로 회장님 책상 위에 놓고 쓰시면 좋겠습니다."

그러더니 성경 첫 페이지를 열고 내 앞에서 이렇게 적어 내려갔다.

"항상 하나님과 함께하시길 기원합니다. ㈜○○○ 대표이사 김○○."

그가 만들어 준 성경책을 받으니 감동이 밀려왔다.

"하하, 이건 사기입니다. 예수 안 믿고 교회도 안 다니는 분이 이런 글을 쓰면 됩니까?"

그러자 그도 웃으면서 그간 있었던 일을 들려주었다.

"저희 회사가 파주로 이사 가기로 해서 이 건물을 내놓은 건데요, 처음 YPP 백 회장님 만났다가 계약하지 못한 다음에 모 대형 출판사 그리고 기독교 기업으로 알려진 어느 그룹도 접촉했습니다. 일 년 넘게 팔지 못한 건물을 백 회장님과 계약하게 된 걸 보면 이번 일은 하나님이 개입하신 것 같습니다. 제가 40년을 사업하면서 내 생각대로 안 된다는 걸 이번에 처음 알았습니다."

그가 선물한 성경책은 오늘도 내 사무실 책상에 올려 있다. 이 성경책을 펼칠 때마다 하나님의 역사하심을 생각하곤 한다.

그렇게 사옥을 계약하고 한참이 지나, 우리가 입주하기로 한 날짜 일주일 전에 그쪽에서 연락이 왔다.

"저희가 사정이 생겨서 그러는데 이사 날짜를 일주일만 연기해 주시면 안 될까요?"

"저희도 그날 사무실을 비워 주어야 해서 어려울 것 같은데 어쩌죠?"

"정말 죄송합니다. 급한 사정이 생겨서 그렇습니다."

염치 불고하고 우리가 쓰던 사무실로 이사 올 회사에 부탁을 했다. 다행히 잘 해결되어 이사 날짜를 서로 조율했다. 그리고 일주일 뒤 입주할 건물에 가보니 청소 용역 회사를 불러 새 건물처럼 전체를 깨끗이 청소해 놓은 것이 아닌가. 그러려고 일주일을 기다려 달라고 했던 것이다.

"아이고. 회장님. 그냥 나가셔도 되는데 건물을 깨끗이 청소해 주셨네요. 왜 이렇게까지…?"

"거룩한 하나님의 기업이 들어오는데 청소 정도는 해드려야지요. 그리고 저희 빌딩을 관리해 주던 경비분 두 명의 봉급을 반년 동안 저희 회사가 지불하겠습니다. 하나님의 기업을 지켜 주어야죠."

그 파견 경비원 중 한 명은 우리 회사 직원이 되어 지금도 YPP 평택 공장에서 일하고 있다.

얼마 전 평택 공장에 갔다가 그 경비원과 점심을 같이 먹으며 성경 회사 회장님 소식을 물었다. 파주로 간 다음에도 YPP 창업기념일마다 시루떡을 보내오곤 했는데, 어느 때부터인가 떡도 안 오고 소식도 들을 수 없었다.

"회사를 닫았다는 소식을 들었습니다. 참! 회장님. 그 회장님, 파주로 간 다음 교회에 나가신다고 하더라고요!"

그런 사연으로 마련한 YPP 사옥에서 우리 회사는 많은 발전을 경험했다.

──── 탈원전 위기

회사가 성장하는 동안 시대 변화와 맞물려 곤란한 상황에 여러 차례 부딪혔다. 특히 2016년부터 본격화된 탈원전 정책이 발표된 뒤로 YPP는 큰 어려움에 처했다. 말 그대로 전력 생산 기반 중에서 원자력발전 비중을 줄여 나간다는 것인데, 현재 사용 중인 발전소는 계속 가동하되 앞으로 신축은 하지 않는다는 것이 정책의 골자였다. (원자력발전소의 활용 기간은 보통 60년이다.)

이로써 원자력발전과 긴밀한 연관이 있는 YPP는 경제적으로 무척 어려워지기 시작했다. 직원들의 급여도 은행에서 차입해 지급하는 상황이 되었다. 항상 꿈을 꾸고 긍정적으로 살아가는 나 또한 이런 상황이 일 년이 넘어가고 2년이 되어 가니 감당하기 어려웠다. 회사는 부채만 쌓이고 미래가 보이지 않았다. 그때는 정말이지 잠을 잘 수가 없었다. 가슴이 눌려

잠이 깨면 어느새 침대 아래로 내려가 무릎을 꿇고 있었다.

"살려 주십시오."

신음처럼 기도가 터져 나왔다.

급기야 눈물을 머금고 구조조정을 발표했다. 나는 목이 메어 말을 잇지 못했다.

'지금 이 자리에서 내 말을 듣고 있는 직원들 중에 누군가는 회사를 나가야 하는데…. 우리 직원들은 나만큼이나 YPP를 사랑하는데….'

딱히 업무가 없는 상황이 이어져서 그런지 직원들 사이에서 큰 반감은 없었다. 구조조정에 따라 회사를 그만두게 된 직원들은 "YPP가 다시 정상적인 회사로 거듭나길 간절히 바랍니다"라는 메시지를 회사 온라인 게시판에 올리기도 했다. 직원들을 떠나보내는 내 마음은 갈기갈기 찢어졌다.

처음에는 개인별로 희망퇴직 의사를 물어 가며 구조조정을 했지만, 나중에는 아예 사업부서별로 정리를 해야 할 지경에 이르렀다. 그런 상황에서 내가 붙들고 매달릴 분은 오직 하나님뿐이었다. 잠을 못 드는 날은 아예 철야를 하며 기도했다.

정부가 탈원전을 발표하기 전부터 태양광과 수소발전 등과 같은 미래 신재생에너지 분야에 대한 연구와 투자를 계속해 왔고, 새로운 발전 방법뿐 아니라 그 전기를 보관할 저장장치(ESS)에 관한 연구도 진행하고 있었다. 그러나 그것은 말 그대로 미래를 위한 투자이지, 막상 탈원전 계획이 발표되자 회사는 직격탄을 맞았다.

아무리 생각해도 사옥을 파는 것 외에 이 환난의 불을 잠재울 방법이 없어 보였다. 그래서 사옥을 팔아야겠다는 생각을 아내에게 비쳤다. 아내가 조언했다.

"여보, 하나님이 우리에게 몇 년을 기다리게 하신 다음 주신 건물인데, 아무리 회사가 어렵다고 해도 그냥 팔면 안 될 것 같아요. 정 팔아야 한다면 어쩔 수 없지만 이 일을 놓고 기도는 해보세요."

─── 가보지 않은 길

다음 날 새벽, 회사 사옥을 팔지 말지를 놓고 하나님께 묻는 기도를 드렸다. 그런데 그날 하나님께서 이런 음성을 들려 주셨다.

"내가 네게 그 땅을 주었는데, 너는 왜 그 땅에 새 건물을 올리지 않느냐?"

나는 한 번도 그 땅에 빌딩을 세울 생각을 해보지 않았다. 6층이나 되는 기존 건물도 우리 회사가 쓰기에 충분했다. 미련이야 남지만 건물을 팔면 은행 부채도 갚고 회사 경영에도 도움이 되리라고만 생각하고 있었다. 그런데 하나님의 생각은 내 생각과 달랐다. 하나님이 주신 터 위에서 또 다른 사업, 가보지 않은 길을 걸어 보라고 도전하셨다.

출근하자마자 관계자들을 불러 가설계를 추진했다. 여러 가지를 고려하고 검토한 결과, 지하 3층 지상 20층, 연건평 1만 3천 평의 빌딩을 건축할 수 있다고 했다. 경영지원실과 함께 건축 사업을 시작했다.

입찰한 설계회사 가운데 국내 최고 수준의 한 설계회사와 작업을 진행했다. 새 건물을 올리기 위해 코로나가 유행하기 직전 해 12월에 사무실과 공장을 각각 임대해 이전했다. 은행에서 곧 PF(Project Financing)가 진행될 줄 알았다. 그런데 코로나로 인해 은행 상황이 달라져 PF가 모두 닫히고 말았다. 설계는 시작됐는데, 자금줄이 막힌 것이다.

공사 진행이 안 되면서, 임시로 이전한 공장과 사무실의 엄청난 임대료는 물론 각종 운영비까지 부담해야 하는 상황이 되었다. 회사의 어려움을 타개하려고 시작한 건축이 더 큰 난관을 만든 셈이다. 이 프로젝트를 신탁회사에 의뢰한 상황이므로, 자칫 잘못하면 땅과 건물이 사라질 수도 있는 위기였다.

그런 와중에 2020년 3월, 크레인 한 대를 놓고 믿음으로 기공예배를 드렸다. 하지만 공사는 뜻대로 진척되지 못했다. 하필 그해 여름에는 비가 많이 내렸다. 내 마음까지 축축하게 젖었다. 공사가 지지부진 늦어지고 있던 10월경, 갑자기 약 2주간 PF 문이 열렸다! 그리고 K증권과 N은행이 우리 프로젝트에 절반씩 투자하기로 결정이 났다. 기적이었다! K증권은 그동안 PF에 투자한 적이 없었는데 투자를 결정했고, N은행은 우리가 건물을 올릴 장소에 한 번 방문하더니 투자를 결정했다. 그렇게 해서 2021년 2월부터 본격적으로 땅을 파기 시작했다.

───── 지나고 나니 보이는 은혜의 손길

하나님의 손길은 지나고 봐야 알 때가 많다. 아르센타워에 하나님의 손길이 임하셨다는 것도 지나고 나서야 제대로 알게 되었다.

처음 PF가 닫혔을 때, 하나님이 건물을 지으라고 하셨는데 왜 자금이 막혔을까 내내 의문이었다. 그때 바로 PF가 열렸다면 공사가 일 년은 빨라졌을 텐데 말이다.

그런데 깜짝 놀랄 사실을 발견했다. 2020년에는 비가 많이 내렸다. 그렇다! 비가 참 많이 내렸다. 만일 그때 땅을 파기 시작했다면 어떻게 되었을까? 그 당시 다른 공사 현장에서는 물을 퍼내느라 아무런 일도 진행하지 못했다. 비 때문에 공사 현장에 사고도 많이 발생했다. 그때 PF가 닫힘으로써 우리는 공사를 시작하지 못해 도리어 비 피해도 없었고 공사 기간이 연장되면서 생기는 비용 추가도 없었다.

건축 자금 PF가 잠시 열린 것만큼 큰 기적도 없다. 프로젝트 초기만 해도 국내 유수 은행들에서 우리 건물에 서로 참여할 것 같은 분위기였다. 하지만 코로나가 닥치면서 신축 건물 분양이 어려울 것이라고 예상하고 모두 PF를 닫았다. 게다가 탈원전 선포 이후 우리 회사 경영이 더 어려워질 것으로 예측했던 것 같다. 사실 가산디지털단지 주변에 우리보다 앞서 건축을 시작했던 건물들도 분양률이 15퍼센트에 불과한 경우가 있었다. 다들 적자를 보고 있는 상황에서 코로나까지 겹쳤으니 두말해 무엇 하겠는가. 그런 악조건에서 보름간 PF가 열렸고, 그 기회에 우리 건물에 투자를 결정하는 곳이 생겼으니 그야말로 기적이었다.

다음 과정은 실구매자들을 위한 중도금 대출 은행 결정이었다. 이 역시 코로나가 예상보다 길어지면서 참여하겠다는 은행이 나타나지 않았다. 그러다가 H은행이 극적으로 참여하게 되었고, 이후 일정은 일사천리로 진행되었다. 이 역시 상상할 수 없던 일이었다.

마지막으로 중요한 일정은 분양이었다. 나는 계속 기도했다.

"하나님. 주변 건물이 다들 미분양이라고 합니다. 아무리

멋지게 건물을 짓는다고 해도 우리라고 다를 수 있을까요?"

그런데 이게 웬일인가. 담당 임원의 보고는 날이 갈수록 희망적이었다. 10, 20, 30퍼센트를 금세 넘어가더니, 70, 80, 90퍼센트를 넘어서는 데 그리 오랜 시간이 걸리지 않았다. 그러면 건축비를 비롯해 관계된 업체들의 몫을 다 제하고도 우리 이익분이 남는 것이다. 이 건축 프로젝트 하나를 통해서 우리 회사뿐만 아니라 함께하는 모든 기업이 제 몫을 나눠 가질 수 있는 것만큼 기쁜 일이 어디 있겠는가? 기업이 제 몫을 받는다면 그곳에서 일하는 노동자들 모두에게도 오병이어가 나누어지는 것 아니겠는가?!

하나님은 건물이 세워지는 과정에서도 각 분야의 전문가들을 붙여 주셨다. 성경 출애굽기를 보면, 모세가 성소(성막)를 지을 때 브살렐과 오홀리압 등 지혜로운 사람들이 붙어 성막을 잘 건축할 수 있었다. 이처럼 아르센타워의 설계부터 건축, 분양까지 좋은 회사와 인력을 붙여 주신 것은 참으로 복된 일이다. 우리에게는 기적이어도 하나님께는 일상이다.

──── **"가산디지털 산지를 제게 주소서"**

아르센타워는 과거 구로공단으로 불리던 가산디지털단지에

위치해 있다. 이곳에는 1만여 기업과 14만 명에 이르는 유동 인구가 드나들고 있다(2020년 현재). 예전의 어둡고 침침한 분위기는 온데간데없고, 지금은 한국의 실리콘밸리라는 별명이 무색하지 않을 만큼 화려해졌다. 출근길, 가산디지털단지 지하철역에서 쏟아져 나오는 수많은 젊은이들을 보면서 나는 우리나라 대한민국이 살아 있다는 것을 느낀다. 그리고 기도한다.

"가산디지털 산지를 제게 주소서. 첨단 공업 단지 중심에 세워질 아르센타워가 그 이름대로 이 지역을 아름답게 바꿔나갈 수 있게 하소서."

많은 이들이 이곳을 오가며 하나님의 아름다움을 경험하면 좋겠다. 그래서 1층에는 갤러리를 유치하려고 한다. 또한 세미나실과 예배실을 두어 지역의 일꾼들에게 복음을 전하는 통로이자 중심지로서 사용할 수 있도록 계획하고 있다. 나의 꿈은 아르센타워가 하나님의 일에 쓰이는 것이다. 그래서 날마다 하나님 앞에 아뢴다.

"주여, 주님이 계획하신 이 아르센타워를 주님의 뜻에 따라 써주소서."

13

세 가지 사훈:
꿈이 있는 미래, 긍정적인 사고, 정직한 생활

1982년 '영풍물산'에서 시작한 우리 회사는 2009년 사명을 'YPP'로 바꾸었다. 'Your Permanent Partner'의 첫 글자를 딴 이름으로, '당신의 영원한 동반자'라는 의미를 담고 있다. YPP의 동력이 되어 온 세 가지 사훈은 '꿈이 있는 미래', '긍정적 사고', '정직한 생활'이다. 이것은 우리 집 가훈이기도 하다.

―――― **사훈 1. 꿈이 있는 미래**

YPP 사훈의 첫째는 '꿈이 있는 미래'이다. 여기서 '꿈'은 나의 꿈이라기보다 '하나님의 꿈'을 말한다. 나는 늘 하나님의 꿈이 나의 비전이 되기를 바란다. 하나님의 꿈이 내 인생에서 실현된다면 얼마나 멋지겠는가?

　우리는 누구나 미래를 위해 꿈을 꾸어야 한다. 꿈꾼만큼 인생을 살게 된다. 내가 바라는 데까지 이르지 못할지라도 꿈 근처까지는 갈 수 있다. 꿈이 있는 사람은 하루하루 최선을 다한다. 대학교수나 학교선생님이 되겠다는 꿈이 있으면 그렇게 될 수 있는 학력과 자격을 갖추기 위해 오늘 열심히 공부하고 노력한다. 그 자리에 가기까지 시간이 좀 걸리고 시련도 있을 수 있지만, 꿈의 자리에 하루하루 가까워질 것이다.

　우리 회사는 매주 월요일 아침 7시 반 임직원들이 모여 전략회의를 한다. 한 주는 임원들과 회의를 하고, 한 주는 영업 실무자들과 회의를 한다. 다른 회의는 몰라도 그 두 회의는 내가 직접 주재한다. 회의 때마다 꿈에 대한 이야기를 자주한다. 칠십 넘은 회장이 꿈을 꾸고 열정을 불태우는 것을 보고 직원들이 도전받았으면 하는 마음 때문이다. 그저 봉급이나 받으려고 회사생활을 하지 않고 우리 임직원 개개인이 각자 꿈을 꾸며 살기를 간절히 바란다.

　임직원들 개개인이 꿈꾸는 것만큼이나 중요한 것은 기업, 특히 CEO가 꿈을 꾸는 것이다. 날마다 기도함으로 보게 되는 비전에 따라 우리 YPP에 펼쳐질 꿈을 나는 임직원들에게 명확하게 제시한다.

　요즘 나의 꿈은 YPP 임직원들이 연말에 1천 퍼센트의 특별 인센티브를 해마다 받는 것이다. 기업이 성과를 내고 그 성과를 직원들과 나눌 때, 기업인으로서의 자부심이 얼마나 크겠는가. 지금까지는 해마다 400퍼센트의 상여금을 지급해 왔다. 중소기업 가운데 이 정도 나눌 수 있는 기업도 드물겠지만, 이것을 뛰어넘어 두세 배 더 많은 상여금을 나누는 회사를 일구고 싶다. 직원들을 향한 복지와 나눔의 소식이 소문이 나서 YPP가 청년들이 취업하고 싶은 회사 1순위가 되면 좋겠다.

    가난에서 벗어나는 것 외에 별다른 꿈이 없다가 훌륭한 선생님들의 교육으로 세계를 위한 어떤 사람이 되어야겠다고 마음먹은 뒤부터는 5년 또는 10년 단위로 내 인생을 설계해 왔다. "사람이 마음으로 자기의 길을 계획할지라도 그의 걸음을 인도하시는 이는 여호와"(잠언 16:9)이시다. 나의 꿈, 나의 계획은 나 스스로 이루어 갈 수 있는 것이 아니다. 하나님이 이루실 것을 믿기에, 내 걸음을 인도하실 것을 믿기에 나는 단기 꿈, 장기 꿈을 세우고 적어 본다. 심지어 나이에 따라 내가 어느 수준, 어떤 모델의 자동차를 타고 싶다고까지 구체적으로 적어 놓기도 했다. 그리고 실제로 그 꿈이 이루어졌다. 참 신비한 일이다.

    나이가 들어가니 나의 은퇴와 미래에 대한 계획이나 두려움과 관련한 질문을 많이들 한다. 사실 정부 정책이 바뀌어 탈원전 계획이 발표되면서 내 노력이나 의지와 상관없이 어려움에 놓였을 때는 깊은 절망을 맛보기도 했다. 하지만 "칠십부터 내가 너를 쓰겠다"는 말씀을 받은 뒤부터는 하나님이 이루어 가실 비전을 바라보며 내일에 대한 소망이 넘쳐난다. 어제보다 오늘이 더 기쁘고 감사하고, 내일은 하나님께서 어떤 일을 해나가실지 소풍을 앞둔 어린아이 같은 마음으로 기대하며 기다린다.

──────── 사훈 2. 긍정적인 사고

사람들은 죄된 본성 때문에 항상 부정적인 생각과 말부터 하려는 경향이 있다. 그래서 두 번째 사훈을 '긍정적인 사고'로 정했다.

최근에는 코로나 때문에 기업들이 정말 힘든 상황에 처했다. 하지만 그 이전에도 금융업계에서 기업을 방문하면 모든 CEO들이 우선 하고 보는 말이 "아이고, 죽겠습니다"였다. 작든 크든 사업을 하는 모든 사람은 힘이 든다. 나 역시 힘든 날이 많다. 죽을 섯저럼 힘는 일을 때마다 철마다 겪는다.

하지만 말이라는 것이 얼마나 무서운가? 예컨대 복잡하고 골치 아픈 일이 좀 있다고 해서 신경외과 전문의 앞에서 "머리 터지겠네"라고 말하면 "당장 죽으려고 그런 소리를 하느냐?"고 야단을 맞을 것이다. 간담췌 분야 전문의 앞에서 "간 떨어지겠다"고 말해서는 안 된다. 심혈관 분야 전문의 앞에서 "심장이 멎을 뻔했다"는 말을 해서는 안 된다. 그런 일을 당한 환자와 그 가족 앞에선 더욱 조심해야 할 말이다.

우리는 나오는 말이라고 해서 너무 쉽게 부정적인 말을 쏟아놓는다. 말은 생각에서 나오는 것인 동시에 행동을 하게 만든다. 행동은 습관이 되고 습관은 운명과 미래의 방향을 정한다. 부정적인 말은 부정적으로 생각하는 데서 온다. 말과 생각과 행동은 상호보완적이다.

이런 점에서 '긍정적인 사고'는 '꿈이 있는 미래'와 연관이 있다. 꿈을 가진 사람은 부정적으로 말하지 않기 때문이다. 쉽지 않을 것이 뻔한 일 앞에서도 꿈이 소중하기 때문에 부정적인 말을 내뱉지 않는다. 부정적으로 말을 하면 꿈도 부정적이 되고 말기 때문이다.

나는 임직원들이 일하다 실수하거나 어쩔 수 없이 발생한 문제에 대해서는 가급적 잔소리를 하지 않으려고 노력한다. 하지만 "회장님, 그건 안 되겠습니다"라고 처음부터 부정적으로 말하면 언짢은 내색을 한다. 안 그래도 어려운데 출발부터 부정적으로 생각하는 사람의 일이 잘될 턱이 없다. 하지만 꿈을 가진 사람, 미래를 위해 오늘을 소중하게 사는 사람은 부정적일 수 없다. 그러므로 평상시에 긍정적인 생각을 하고 있는 것이 얼마나 중요한지 모른다.

나는 GE의 중역들과 자주 만나 왔고, 코로나 이후에는 그들과 주로 화상으로 모인다. 그들과 만날 때마다 나는 우리가 하는 일에 대해 밝게 말한다. 잘될 거라고, 희망적이고 긍정적으로 전한다. 코로나로 많은 기업이 어려움에 처한 것을 아는 이들이, "회장님, 요즘 얼마나 힘드세요?" 하고 물어도 "괜찮아요" 하며 웃어 준다. 코로나 덕분에 더 좋은 점도 있다며, 부정적인 상황에서도 긍정적인 측면을 강조해 말한다.

생각해 보라. 거래처와 미팅할 때 무조건 힘들다, 어렵다, 안 될 것 같다며 부정적인 말만 한다면 거래 상대는 그런 말을 하는 사람과 일하기를 꺼리게 될 것이다. 반대로 자신 있다, 잘될 것이다, 잘해 볼 것이다, 열심히 하겠다고 긍정적으로 말하면 일단 신뢰가 간다. 같이 일해 볼 만하다고 여기게 된다.

단, 이런 태도가 다른 사람들 눈에 교만해 보여서는 안 될 것이다. 잘난 척으로 보이는 것과 긍정적인 태도를 보이는 것은 차이가 있다. 그 차이는 상대방에 대한 존중과 배려 여부에서 나오는 것 같다. 속으로는 상대방을 깔보고 무시하면서 자신 있다고 말하면 분명히 잘난 척으로 보일 수밖에 없다.

사람들은 나를 보고서 "회장님은 어떻게 그렇게 항상 자신

만만하냐"며 신기해한다. 나는 이게 내 습관이라고 말해 준다. 긍정적으로 말하는 습관이 몸에 밴 것이다. 그 대신 교만하게 보이지 않으려고 늘 조심한다. 일이 기대만큼 안 될 것 같고 어려운 문제가 닥쳐오면, 부정적인 말을 내뱉기보다 기도의 골방으로 들어간다. 하나님께 기도하며 매달린다.

사람들 앞에서 내가 자신만만하게 말해도 잘난 척과 교만으로 비치지 않는 비결은 하나님에 대한 신뢰 때문이다. 나는 하나님을 믿는다. 그러므로 하나님께 모든 것을 맡기고 긍정적으로 자신 있게 말한다.

매주 월요일 아침마다 여는 임직원 미팅 때, '꿈을 가지라'는 당부와 함께 강조하는 내용이 "어떤 상황이 와도 불평하지 말라"는 것이다. 불평은 부정적인 말의 대표격이다. 그래서 사원들보다 임원들에게 더욱 불평하지 말라고 강조한다. 불평하면 일단 지고 들어가게 된다.

상황과 시절이 좋을 때 일을 잘하는 사람은 많다. 하지만 상황과 환경이 나쁘고 모든 여건이 어려울 때 힘써 일하는 사람이라야 정말 일을 잘하는 사람이다. 그러자면 불평보다는 하나라도 있을지 모를 긍정을 찾아서 말해야 할 것이다. 그러면 열정이 생길 수밖에 없다. 그러므로 긍정과 열정 사이에는 서로 통하는 길이 있다.

대체로 나이 칠십이 되면 은퇴할 때가 되었다며 하던 일도 줄인다. 하지만 나는 칠십이 됐을 때 오토바이 타기와 악기 연주를 시작했다. 운동과 음악을 모두 좋아하던 청소년 시절의 꿈을 이루고 싶은 열정 때문이다.

오토바이 타기가 취미라고 하면 젊어서부터 오토바이를 타서 경력이 몇십 년쯤 되었나 보다 하실 것이다. 그런데 사실은 나이 칠십에 원동기 면허를 따서 3-4년 정도밖에 타지 않았다. 오토바이 타기는 건강 유지와 스트레스 해소에 큰 도움이 된다. 내가 타는 오토바이는 무게가 몇백 킬로그램이 넘는다. 그것을 움직이려면 하체가 튼튼해야 하고 팔에 근육이 있어야 한다. 오토바이를 타기로 결심한 다음부터 매일 근육을 발달시키는 코어 운동을 하고 있다. 오토바이 덕분에 건강도 챙기고 동호회에서 젊은 친구들과 교제도 할 수 있어서 참 좋다. 무엇보다 오토바이를 타고 달리면서 듣는 찬양이 그렇게 은혜로울 수가 없다.

악기도 여러 가지를 배우고 있다. 악기를 배우는 이유는 하나님께 악기로 찬양을 드리고 싶은 꿈이 있어서이다. 고등학생 때에는 밴드부에서 잠깐 트럼펫을 불었는데, 지금은 색소폰을 알토부터 시작해서 음역별로 다 배우고 있다. 관악기를 연주하려면 우선 폐가 좋아야 한다. 결과적으로 폐활량을 늘리는 데 도움이 된다. 관악기를 연주해서 그런지, 건강 검진을 해보니 나의 폐 건강이 나이보다 10년 이상 젊다는 진단이 나왔다. 최근에는 첼로에 이어 하프 연주에도 도전했다. 그리고 얼마 전 드디어 예배 시간에 트럼펫 연주로 하나님께 영광을 돌릴 수 있었다. 기회만 된다면, 악기를 바꿔 가며 찬송 특주를 하는 것이 칠십 넘은 나의 또 하나의 꿈이다.

"당신은 돈도 있고 여유도 있으니까 오토바이도 타고 악기도 배우는 것 아닙니까?" 하고 반문하는 이들도 있을 것이다. 맞는 말이다. 하지만 남들보다 경제적 여유는 있을지 몰라도 시간적 여유는 정말 없다. 하지만 뭐든지 새로운 일을 하고픈 꿈과 열정이 있기에 시간을 쪼개 배우는 것이다.

회의시간에 이런 이야기를 들려주면서, "주말에 피곤하다고 텔레비전 앞에서 졸고 있지 말고, 한 가지라도 취미 삼아 새로운 걸 배워 보세요. 비전이 있는 사람과 없는 사람은 천지차이입니다" 하고 도전하면, 다들 눈이 반짝인다. 본인들이 근무하는 회사의 회장이 열정적인 것은 익히 알았지만, 저 정도일 줄 몰랐다는 눈치이다. '저토록 바쁜 분도 시간을 쪼개어 뭐든 배우려고 하는데, 나는 지금 뭐 하고 있지?' 하고 도전을 받는다.

업무와 관련해서는, 내가 처음 영업하러 다닐 때 이야기를 자주 들려준다. 미국계 무역회사에 다니면서 기술 영업을 가장 잘하는 사람이 되는 꿈을 꾸었고, 출근하지 않아도 되는 토요일에 출근을 했다가 미국 본사 회장의 눈에 띄어 초고속 승진을 할 수 있었던 에피소드를 풀어내면서 적극적이고 긍정적인 삶을 살도록 도전한다.

'나는 과거에 이랬다' 하면서 '라떼' 이야기를 하려는 것이 아니다. 그들도 꿈을 가진 인생이 되기를 바라서 하는 말들이다. 이런 내 마음을 이해하는지, 부담이 되고 힘들 수밖에 없는 월요일 오전 영업전략회의를 나뿐 아니라 임직원들도 기다린다.

회의를 마치고 직원들이 모두 '파이팅' 구호를 외치고 흩어지는데, 젊은 직원일수록 함성이 커서 건물이 떠나갈 듯하다. 회의에 들어올 때는 잠이 덜 깬 채 왔더라도 끝날 때는 전쟁터에 나가는 군인처럼 눈에 불을 켠다. 그 시간이 그들에게 황금 같기를 바란다.

구멍가게 하나를 운영해도 경영자는 스트레스 상황에 자주 노출된다. 내 경우, 회사의 생존이 달린 결정을 해야 할 때가 많다 보니 스트레스를 적잖이 받는다. 하지만 주변 사람들은 내가 스트레스를 받고 있다는 사실을 잘 모른다. 항상 긍정적으로 이야기하고, 부드럽고 원만하게 해결점을 찾아가려고 노력하기 때문이다. 이 또한 사람의 노력으로 되지 않는다. 나는 스트레스 상황에 놓일 때마다 더욱 기도의 자리로 나아간다. 내가 감당하기 어려운 일이 생기면 무조건 하나님 앞에 그 문제를 내려놓고 깊은 기도를 드린다. 그러면 하나님과의 교제 안에서 마음에 평안이 찾아오고, 태산처럼 보이던 문제가 작은 동산처럼 쪼그라져 있다. 문제가 없어져서가 아니라 문제를 바라보는 내 시선이 바뀐 것이다. 나 혼자 해결하려고 할 때는 머리가 복잡해서 아무런 생각도 나지 않지만, 기도의 자리로 나아가서 하나님의 지혜를 구하면 아무리 큰 문제라도 해결의 실마리가 보인다.

사훈 3. 정직한 생활

셋째, '정직한 생활'은 앞서 언급한 '꿈이 있는 미래'와 '긍정적인 사고'와 연결돼 있다. 꿈이 있는 사람은 꿈 덕분에 정직하게 생활한다. 가진 꿈이 바르다면 반드시 정직할 수밖에 없기 때문이다. 자신의 꿈을 이루기 위해 정직하지 않은 삶을 선택해야 한다면, 그 꿈은 나쁜 꿈인 것이 분명하다.

정직한 생활은 크리스천 사회인이 꼭 보여 주어야 할 태도이다. 성경과 하나님을 알지 못하는 사람들은 크리스천의 말과 행동을 보고 하나님과 하나님의 말씀을 알아가는 수밖에 없다. 그중에서도 가장 기본이 '정직'이다. 사회 구성원으로 정직한 태도는 신자이든 불신자이든 아무도 예외일 수 없지만, 특히 예수님의 제자인 크리스천에게는 정직이 기본이다.

크고 작은 거짓을 행해야 이익을 보는 경우가 많다. 그러다 보니 정직하지 않게 편법을 써서 이윤을 추구하기도 한다. 그런데 아이러니하게도 자신들은 그럴지라도 나같이 믿는 사람, 크리스천은 무조건 정직하기를 기대하는 마음이 믿지 않는 이들에게 있다. 그래서 더욱 정직하려고 애쓰며 살아왔다. 그런데 요즘 너무나 마음 아프게도 교회 다니는 사람도 세상 사람과 똑같다고 생각하는 이들이 늘고 있다. 먼저 믿은 이로서 부끄러울 따름이다.

또한 정직은 솔직함과 연결된다. 이것은 내가 GE를 비롯한 다른 미국 회사들과 거래를 해오면서 배운 것이다. 예컨대 어떤 문제가 생겼을 때 내가 인정할 수 있는 잘못에 대해서는 솔직하게 내 책임이라고 말해야 한다. 그러면 놀랍게도 그 문제 해결의 책임을 나 혼자 지지 않고 함께 해결하게 된다. 내 잘못을 속이겠다고 부정직하면, 결국 진위가 드러나 전부 내 책임이 되고 만다.

이것은 우리 회사에서도 마찬가지로 적용된다. 정신없이 일하다 보면 가끔 처리할 때를 놓치거나 실수를 할 수 있다. 그럴 때 사소한 일이든 큰일이든 정직하게 바로바로 보고해야 해결 방법도 빨리 찾을 수 있다. 하지만 사소한 일이라 해서, 수습할 수 있을 것 같다고 착각해서 상대에게 솔직하지 않으려는 사람이 참 많다. 자기 이미지가 손상되고 손해 볼 것 같아서다.

하지만 세상에서 정직만큼 파워풀한 것은 없다. 고객들과 더불어 어떤 일을 하다가 어려운 문제가 생기면, 나는 그 즉시 솔직하게 말한다. 어차피 회사가 해결해야 할 문제이니 정직하게 실수를 인정할 때 고객이 느끼는 기분은 하늘과 땅 차이다. 처음에는 고객들이 불편하게 여기다가도 결국 우리가 그 문제를 솔직하고 투명하게 밝히고 해결해 나가는 모습을 보면서 공동 책임 의식을 갖고 신뢰 관계도 깊어져 지속적인 동반자가 될 수 있다.

이러저러한 손을 내밀며 정직성을 시험해 오는 경우가 참 많았다. 이것을 하면 좋은 기회를 주겠다, 이것만 하면 사업을 크게 확장시켜 주겠다며 유혹해 오는 이들이 꽤 있었지만, 그럴 때마다 하나님이 보고 계신다는 생각으로 거절하고 정직하게 사업하기 위해 부단히 노력했다. 조금 더디지만 꿈을 품고 긍정적으로 사고하며 정직하게 산 결과가 지금의 YPP이다.

──── 직원들이 다시 돌아오는 기업

40년을 이어 오면서 수많은 직원들이 우리 회사를 들고났다.

입사 후 지금껏 자리를 지키며 근무하는 이들도 있지만, 새로운 것을 더 배우고 싶어서, 큰 기업에서 일하고 싶어서 YPP를 퇴사한 직원도 제법 있다. 나는 그들이 자리를 옮길 때마다 축복하며 꿈을 이루고 더 큰 사람이 되기를 기도해 왔다.

그런데 참으로 놀랍게도 YPP를 떠난 직원들 가운데 우리 회사에 재입사하는 이들이 적지 않다. 큰물에 가서 놀아 봐도 고향집만큼 푸근한 곳이 없어서인지 어느 때가 되면 다시 YPP로 돌아오고 싶어 한다.

"YPP만큼 저를 인격적으로 대해 주는 곳이 없습니다. 이곳에 와서 다시 열과 성을 다해 일하고 싶습니다."

떠날 때도 축복하며 보냈지만 재입사할 때도 온 맘 다해 축복하며 환영한다. 다만 그들이 재입사할 때 한 가지 조건을 단다. 퇴사할 때의 직급으로 입사하는 것이다. 이 또한 탕자의 비유(누가복음 15:11-32)에서 얻은 힌트이다. 큰아들이 아버지 옆에서 최선을 다해 섬겼는데, 집 나갔던 동생이 돌아왔다고 해서 반지를 끼워 주고 잔치를 열 때 큰아들의 마음이 어떠했겠는가? 화가 난 큰아들이 아버지에게 말한다.

"내가 여러 해 아버지를 섬겨 명을 어김이 없거늘 내게는 염소 새끼라도 주어 나와 내 벗으로 즐기게 하신 일이 없더니 아버지의 살림을 창녀들과 함께 삼켜 버린 이 아들이 돌아오매 이를 위하여 살진 송아지를 잡으셨나이다."

그때 아버지는 큰아들에게 이렇게 말한다.

"얘, 너는 항상 나와 함께 있으니 내 것이 다 네 것이로다."

그렇다. 회사를 떠났던 사람을 다시 받아들이는 것도, 곁에서 충실하게 일하는 사람을 인정하는 것도 하나님 아버지의 마음을 조금이나마 구현해 보려는 나의 믿음에서 온 것이다.

──── 꿈을 심는 기업

이래저래 청소년 시절부터 꿈을 꾸기 어려운 세상이 되었다. 우리나라 교육이 좋은 대학에 가는 것을 목표로 하다 보니 적성과 상관없이 한 단계라도 높은 학교에 들어가는 것만 생각한다. 나는 누구이며 앞으로 어떤 사람이 되고 싶은지, 사회에 나가 어떤 기여를 하고 싶은지, 세상을 어떻게 변화시켜야 하는지와 같은 근원적인 질문을 할 여유가 없다. 등수에 따라 아이들을 줄 세우고, 어렵게 원하는 대학에 합격을 해도 자신의 존재 가치를 발견하지 못해 대학에서 꼭 해야 할 '진짜 공부'는 하지 않는 것 같다. 인간에 대한 사랑도 삶의 기본 태도도 가르치지 않고 "일단 대학만 들어가라. 그러면 엄마아빠가 네가 원하는 거 다 들어줄게" 하는 교육 가운데 무엇을 기대할 수 있을까? 이것은 꿈을 심어 주는 교육이 아니다.

나는 우리나라 교육 문제가 해결되지 않으면 대한민국의 미래가 암울하다고 생각한다. 정치인이나 교육가는 물론 세상에서 조금 더 영향력 있는 위치에 있는 사람, 나 같은 기업인들이 이 문제에 대해 책임감을 느껴야 한다. 아주 작은 예로, 기업은 학벌을 초월하여 자기 분야에 실력 있는 인재들을 뽑고 그들이 자신의 역량을 최대한 발휘할 수 있도록 돕는 일을 해야 한다. 말로만이 아니라 정말 그런 일들이 사회 곳곳에서 일어난다면, 우리 청소년들이 얼마나 다양한 꿈을 꾸고 펼치겠는가.

기성세대가 할 일은 다른 데 있지 않다. 지금은 비록 힘들고 암담하더라도 이 시절을 성실하게 견뎌 내면 미래가 있다는 꿈을 꾸게 해야 한다. 이것이 나의 사명이고 우리 어른들이 감당해야 할 몫이다. 특별히 예수님을 믿는 우리 기업가들이 그 일을 더욱 책임 있게 감당해야 한다.

예수님이 베푸신 기적 이야기 중에 오병이어 이야기가 있다. 아이와 여자들의 숫자는 빼고 성인 남자만 헤아려도 5천 명이 모였는데, 먹을 것이 없었다. 그들을 다 먹일 음식을 살 돈도 없었다. 그 자리에 온 한 어린아이에게 떡 다섯 개와 물고기 두 마리가 들어 있는 도시락이 있었다. 예수님이 그 오병이어를 들어 축복하시자 5천 명이 먹고도 열두 광주리나 잔반이 남았다. 이것이 실제로 가능할까? 그러니까 기적이다!

오병이어 도시락을 아이 혼자 먹었다면 1인분 도시락이지만, 예수님 손에 들리면 5천 명을 먹이고도 열두 바구니가 남는다. 우리의 사업과 경영이 우리가 하는 일이면 그냥 오병이어 그대로이다. 하지만 주님의 것이라고 여기고 주님께 맡기면 수많은 사람들이 배부르게 된다. 기적은 어떻게 이루어지는가? 내가 하는 것이 아니라 우리 주님께 맡기면 그분이 이루신다.

어떤 목사님은 오병이어 이야기를 설교하면서 이런 말씀을 하셨다.

"5천 명분을 혼자 먹지 말고 5천 명을 먹이는 사람이 되십시오."

정말 그렇다. 우리 기업인들은 나 혼자 잘살고 잘 먹기 위해서가 아니라, 함께 일하는 직원들이, 고객들이, 그리고 대한민국 국민들이, 더 나아가 세계, 우주까지 배부르게 하는 사람이 되도록 해야 한다. 그 꿈은 내가 이루는 것이 아니라, 주님이 기적을 베푸실 때 이루어진다. 우리는 소년이 도시락을 꺼낸 것처럼 정직하게 '내 것이 여기 있습니다' 하고 드리면 된다.

내가 하는 사업을 통해 하나님께서 기적을 일으키실 것을 나는 믿는다. 아니, 지난 40여 년간 하나님은 YPP를 통해 숱한 기적을 이루어 오셨다. 난관에 부딪힐 때마다 견뎌 내고 극복한 것 자체가 기적이다. 나는 그저 기적을 베푸신 하나님을 찬양할 뿐이다.

> 여호와의 인자하심과 인생에게 행하신 기적으로 말미암아 그를 찬송할지로다!(시편 107:8)

14
YPP 아카데미와 시대적 사명

"기업가는 무엇으로 사는가?" 나 자신에게 자주 하는 질문이다. 나 혼자 잘 먹고 잘사는 것이 목표였다면, 첫 사업인 무역업만 해도 되었을 것이다. 무역은 일종의 유통업이므로 돈 벌기가 상대적으로 쉽고, 또 내가 가장 잘하는 일이기도 하다. 미래를 위한 투자 같은 것은 별 신경 쓸 필요 없이, 똑똑한 직원 몇 명만 있으면 수익을 내기가 상대적으로 쉽다.

하지만 기업가로서 외국에서 수입해서 우리나라에 판매하는 형태의 무역만 한다면, 나와 우리 직원들은 좋을지 몰라도 국가에 이바지하는 데는 한계가 있다고 생각했다. 기업이 기술을 개발하고 직접 생산하여 국산화를 이뤄 가야 국내 일자리도 확대되고 진정 나라를 위하는 기업이 될 수 있다. 이런 생각 때문에 YPP는 단순히 무역과 유통을 넘어 직접 생산하고 기술을 개발하는 업체로 발전해 올 수 있었다.

한편, YPP가 사업 영역을 넓히고 전력계통 전반에서 다양한 제품과 기술 서비스를 발전시켜 오는 동안, YPP 엔지니어들은 대기업들이 스카우트해 가려는 영순위 인력이 되었다. 그들은 업계 첨단의 기술과 노하우를 가진 YPP에서 실제적인 연구와 영업을 해본 사람들이기 때문이다. 매우 숙련되고 훈련이 잘된 인재들이어서 어디를 가든 현장 업무에 바로 투입될 수 있다. 그들을 데려간 대기업들의 이름을 굳이 나열할 필요는 없겠다. 여러분이 상상하는 대기업 대부분에 YPP 출신이 있다.

애국을 위한 통로

YPP는 대한민국이 인정한 강소기업이다. 하지만 사람들은 언제나 대기업에 대한 로망이 있다. 그러니 대기업이 스카우트를 제안하면 뿌리치기 어렵다는 것을 충분히 이해한다. 우리 같은 중소기업에게는 이것이 항상 딜레마이다.

 YPP는 중동 등 외국 프로젝트 수주에 참여할 기회가 많다. 대기업들과 컨소시엄으로 일하는 경우 또한 많아진다. YPP 직원들이 당연히 대기업 관계자들의 눈에 띨 수밖에 없다. 그들 눈에 일 잘하는 우리 YPP 직원들이 안 보일 리 없다. 그러다 보면 자연스레 스카우트 제안이 오가고, 직원들이 자리를 옮기는 일이 일어난다.

이런 일들이 잦아서 살짝 억울한 마음이 들던 시기가 있었다. 하지만 이제는 직원들이 대기업으로 옮겨 가더라도 'YPP가 애국했다'라는 생각을 한다. YPP에서 인재를 개발하고 훈련해 대기업도 탐낼 만한 사람으로 키웠기 때문이다. 그들이 더 큰 일에 참여하면서 결국 대한민국에 유익한 성과들을 낼 것 아니겠는가. 그래서 실제로 나는 회사 중역들에게 이렇게 말했다.

"일 잘하는 직원들이 대기업으로 떠나게 되면 배신감도 들고 할 것입니다. 하지만 너무 속상해하지 맙시다. 우리가 키워낸 엔지니어들이 스카우트되어 갈 때, 그것은 인력을 빼앗기는 것이 아니라 국가적으로 볼 때 유익한 일입니다. YPP 엔지니어들이 대기업에 가서 실력을 인정받으면 그들이 우리 YPP의 홍보대사가 될 것입니다."

실제로 우리 직원들이 옮겨 간 회사에서 YPP에 페이버를 주는 경우가 많다. 그들만큼 YPP 제품의 장점을 잘 아는 사람은 그 회사에 없기 때문에 우리가 특별히 영업을 하지 않아도 이들의 활약으로 우리 제품이 그 기업에 들어간다. 그 유익이 엄청나다는 것을 시간이 지날수록 깊이 깨닫고 있다.

그리고 급기야 이런 생각을 하게 됐다.

'YPP가 가르치고 훈련시킨 직원을 가끔 내보내는 것으로 애국할 것이 아니라, 아예 대한민국의 모든 엔지니어들에게 YPP 노하우를 나눠 줄 수 있는 학교(아카데미)를 직접 만들면 어떨까?'

그래서 처음 만든 것이 'YPP 릴레이스쿨'이다. 현재는 'YPP 아카데미'에 묶어 '전력계통 보호제어'를 집중적으로 가르치는 '릴레이스쿨'과 전력계통 고급기술자과정인 'PSAC' 과정으로 나누어 진행하고 있다.

──── 릴레이스쿨

릴레이스쿨(Relay School)은 YPP의 핵심 기술인 전력 보호 및 컨트롤 시스템에 관해 사흘간 집중적으로 교육하는 과정이다. 처음 릴레이스쿨을 개설할 때는 YPP 직원들을 훈련하는 데 목적이 있었다. 지금은 고객사 엔지니어들도 초청해 교육을 하고 있다. '기술로 사회에 공헌하는 회사'라는 모토에 걸맞게 2022년 상반기까지 릴레이스쿨에 5천 명이 넘는 엔지니어들이 참여해 이 과정을 수료했다. 한국전력, 한국수력원자력, 삼성전자, 현대그룹, 대림산업, 포항제철, SK 등 내로라하는 기업의 엔지니어들이 YPP 릴레이스쿨에서 교육을 받았다.

또한 일본을 비롯한 해외 기술자들도 교육을 받으러 온다. 일본 후쿠시마에서 원전 사고가 나고 얼마 뒤, 일본의 한국전력과 같은 도쿄전력청에서 엔지니어 다섯 명을 보내 일주일간 릴레이스쿨 교육을 받고 갔다.

릴레이스쿨의 커리큘럼도 탁월하지만, 우리가 특별히 자랑스러워하는 점이 한 가지 더 있다. 책임교수(YPP 아카데미 원장 백영기)가 나이 '팔십이 넘은 청년'이라는 것이다. 한국전력 전무, 한국전력거래소 초대이사장을 지낸 그는 우리나라 전력기술계통의 대부라 해도 과언이 아니다. 우리나라에서 가장 실제적인 기술과 노하우가 있는 분이 직접 전하는 강의를 학생들은 들을 수 있다. 이분 외에도, YPP에는 은퇴한 전문가들이 의욕적으로 참여해 후배들을 양성하는 독특한 직장 문화가 있다. 우리 기업은 정년퇴직이 없다.

전력계통 고급기술자과정 PSAC

단기 과정인 릴레이스쿨에 힘입어 12주에 걸쳐 진행하는 고급기술자 교육 과정도 개설했다. '파워 시스템 어드밴스드 코스'(Power System Advanced Course), 줄여서 'PSAC'라고 하는데, 국내 최초의 전력 시스템 고급 교육 과정(High Level Education

Program for Power Systems)이다. GE가 이 과정을 개설했고, 그 다음이 YPP이다.

미국의 GE는 50여 년 전 세계 최초로 고급기술자교육 과정인 '파워 시스템 엔지니어링 코스'(PSEC, Power System Engineering Course)를 개설했다. GE의 PSEC는 일 년 동안 진행하는 과정으로 우리나라에서도 일 년에 한두 명씩, 한국전력 같은 데서 우수한 엔지니어를 선발해 국가장학금을 주어 보내곤 했다. 그런데 YPP가 PSAC를 개설하면서 전력계통의 기술을 배우기 위해 많은 돈을 들여 일 년간 먼 나라에 공부하러 갈 필요가 없게 되었다. 특히 YPP 과정이 더 집약적이고 발전적(advanced)이기에 이름도 PS'A'C로 지은 것이다.

PSAC는 GE의 PSEC 과정에 비해 수업 기간이 짧고 교육비도 10분의 1 수준인 데다가 교육 내용이 좋아 PSEC보다 우수하다는 평가를 받고 있다. 릴레이스쿨은 단기 과정이므로 연중 수시로 열 수 있지만, PSAC는 연중 1회, 총 12주간 박사 과정을 방불케 하는 강사진과 내용으로 진행된다. 실제로 이 과정에는 국내외 유수 대학의 150명 넘는 교수들이 강사로 참여한다. 몇몇 공대 대학원들과는 학점 교환제를 실시하고 있다.

우리의 이런 노력을 보고 GE 중역들도 매우 놀라워했다. 그래서 거꾸로 미국 GE 직원들을 비롯해 세계에 퍼져 있는

GE 글로벌 파트너 회사들의 직원도 이 과정에 참여하게 해 달라고 요청을 해왔다. YPP가 원자력발전을 위해 세계 최초로 개발한 '삼중화 보호 시스템'을 GE가 수입해 전 세계에 판매하기를 원하는데, 이를 위한 교육 차원이기도 한 것이다. 그래서 GE 사우디, GE 싱가포르, GE 말레이시아 등에서 엔지니어들이 이 교육에 참여하게 되었다. 코로나 기간에는 온라인 교육 프로그램을 만들어서 대비해 왔다.

YPP와 GE는 40년간 한국에서 독점적인 파트너 관계를 유지해 왔다. 전력 IT쪽의 비즈니스는 특히 그렇다. GE에서는 YPP와 나를 'GE의 전설'이라고 평가한다. 기업의 수익뿐 아니라 교육적 기여와 헌신을 높이 평가한 것 같아 감사할 따름이다.

PSAC 과정은 매년 9월부터 11월 사이에 진행되는데, 그동안 한전, 한수원, 5개 발전자회사들과 삼성, 포스코, 현대중공업, SK 등에서 1,600여 명이 교육을 받았다. 여기에 참가하는 사람들은 앞으로 각 회사의 주역이 될 것이기에 업무를 잠시 내려놓고 무려 3개월간 외부 기관에 나와 교육을 받는다.

PSAC 과정을 이수한 이들을 통해 입소문이 나자, 중소기업인 YPP에서 어떻게 이런 일을 진행할 수 있는지 의아해했다. 한전과 산업자원부 등에서 같이 진행하자는 제안이 오기도 했지만, 우리만의 노하우로 자유롭게 교육하면서 국가에 기여하고 싶어서 단독으로 운영하고 있다.

───── 아카데미 설립 배경과 의의

YPP가 릴레이스쿨과 PSAC와 같은 아카데미를 설립한 배경은 이러하다. 우선은 국내의 기술 인력 양성의 필요 때문이다. 2011년 9월 15일에 우리나라에서는 순환 정전을 겪었고, 동하계에도 전력난을 경험했다. 전력난의 원인이 발전과 송전 등의 시설 문제뿐 아니라 그것을 다룰 기술 인력의 부족 때문이기도 하다는 점이 지적되었다. 산업 전반에서 전력을 보호하고 관리하는 기술 인력의 중요성이 부각된 계기였다.

전력계통 전문가는 발전, 송전, 변전을 아우르는 폭넓은 지식과 경험이 필요하다. 하지만 워낙 어려운 기술 분야라 그런지 취업의 기회에 비해 전공하려는 사람은 적은 편이다. 이는 YPP만의 문제가 아니라 우리나라 전체 전기 기술 분야를 생각해도 그렇다. 지속적인 취업과 기술개발을 위해 교육이 필요해진 이유이다.

그런 점에서 릴레이스쿨과 PSAC 과정은 사회공헌 차원에서 추진되는 사업이기도 하다. YPP의 비전 중 하나가 '기술로 공헌하는 에너지 전문기업'으로서 '기업시민'으로 책임을 다하는 것인데, YPP의 교육사업이 바로 이 비전을 이루어 가는 통로이다. 따라서 YPP의 릴레이스쿨과 PSAC는 우리나라 전력산업계의 기술발전과 도약을 위해 꼭 필요한 과정이라고 자부한다.

릴레이스쿨과 PSAC를 통해 전문 기술자를 양성하여 한국의 전력산업 전반에 기여하는 것이 1차 목적이지만, 동시에 기업인으로서 청년들에게 꿈을 심어 주고 일자리를 마련하며 전력계통 엔지니어들의 기술을 향상시키는 데에도 큰 목적이 있다. YPP가 기업으로서의 이윤 창출도 힘써야겠지만, 이를 사회에 환원하고 애국하는 회사가 되어야 한다는 비전이 YPP 아카데미를 통해 하나씩 이뤄지는 것을 목도할 때마다 내가 한 것이 아니라 그분이 하신 일임을 더욱 실감하게 된다.

ESG 모범 기업

환경(Environment), 사회(Social), 지배구조(Governance)의 영문 첫 글자를 조합한 'ESG'는 최근 새로운 경영 이슈로 부각하고 있다. 예전에는 기업이 무리수를 두어서라도 수익을 내고 성장을 하면 최고의 기업으로 인정했으나, 이제는 환경을 생각하고 사회적 책임을 다하며 건전한 지배구조 아래서 환경과 사회, 사람을 중시하는 '눈에 보이지 않는 가치'를 중요시하는 기업을 주목하는 시대가 되었다.

YPP는 국내 중소기업 최초로 2022년 ESG 모범 기업으로 선정되었다. 우리 회사가 여러 번 이러저러한 상을 받았지만, 이번 평가는 회사로서는 물론 나에게 참 의미 있는 수상이다. 그동안 눈에 보이지는 않았지만 사람을 존중하고, 친환경 에너지 연구, 직원 복지 향상, 여성 인력 확충 등 하나님의 경영 원리대로 해온 일들이 결국 사회가 원하는 ESG 경영과 맞닿아 있었던 것이다. "ESG의 가치는 전혀 새로운 것이 아니라 이미 성경에 그 가치관이 확고하게 뿌리내려 있었고 사회가 발전해 가며 성경의 가치관을 회복하는 것"(브리지임팩트 정평진, 〈국민일보〉 기사에서)이라고 했다. 하나님을 사랑하고 이웃을 사랑하는 것, 그것이 기독교의 핵심이다. ESG 경영도 알고 보면, 하나님이 창조하신 세상을 아름답게 보존하고, 사람을 사랑하는 기본 원리를 지켜 나가며, 우리 회사의 사훈에 있는 것처럼 고객과 직원들에게 정직하게 행하는 것이다.

> 새 계명을 너희에게 주노니 서로 사랑하라. 내가 너희를 사랑한 것같이 너희도 서로 사랑하라. 너희가 서로 사랑하면 이로써 모든 사람이 너희가 내 제자인 줄 알리라(요한복음 13:34-35).

15
배움에는 끝이 없다

나는 직원들만 재교육할 것이 아니라 경영자도 계속 공부를 해야 한다고 생각한다. 그래서 국내뿐 아니라 국제적인 경영자 과정에 여러 모양으로 참여해 왔다. 그런 과정에서 잭 웰치(Jack Welch, 1935-2020)를 만날 수 있었다. 잭 웰치는 GE의 최연소 최고경영자가 되어 20년간 회장으로 있으면서 GE를 성장시킨 주인공이다. '경영의 달인', '세기의 경영인' 등으로 불리며, "변화가 필요하기 전에 변하라"를 비롯하여 경영에 필요한 여러 명언을 남겼다.

내가 1982년 GE 한국 파트너로서 영풍물산을 설립했을 때, 잭 웰치는 1981년부터 GE의 CEO로 활동하고 있었다. 그는 미국 기업 역사상 최고의 CEO로 평가받는 동시에 '뉴트론 잭'(Neutron Jack, 중성자탄 잭)이라는 별명을 얻을 정도로 무서운 경영자이기도 했다. 실적이 부진한 부서 자체를 폭파하듯 없애고 직원들을 과감히 해고해 GE를 흑자로 이끌었다. (미국 문화에서는 그 방법이 잘 맞았는지 몰라도 나의 경영 철학과는 사뭇 달라 여러 고민을 하게 하는 지점이다.)

──── 잭 웰치에게 건네고 싶었던 조언

GE 한국 파트너가 된 이듬해인 1983년, 나는 교육을 받으러 미국 GE 본사를 방문했다. 이미 기존 직원의 절반 정도가 사라진 상태여서 GE는 긴장감이 감돌았다. 잭 웰치가 사옥의 4개 층을 비우라는 지시도 했었으니 말이다. 4개 층에 속한 부서에서 일하던 직원 중에 내가 알던 사람도 있었는데, 하루아침에 실직자가 되어 버렸다. 그가 재임 기간에 해고한 직원이 무려 11만 명에 달한다고 한다.

　잭 웰치가 GE에 부임하면서 직원들을 대량 해고한 일 전에 첫 번째로 추진한 작품은 GE 이름으로 종합무역상사를 만드는 것이었다. 일명 '제너럴 일렉트릭 트레이딩 컴퍼니'(General Electric Trading Company)였다. 내가 보기에는 GE에도 미국에도 맞지 않는 사업 방법 같아서 당시 GE 부회장 등 나를 한국 파트너로 삼은 임원들에게 이에 대해 의견을 냈다. 특히 나와 주로 소통하던 독일 출신의 30대 부사장에게 "그건 안 될 일이다. 빨리 정리하는 게 돈 버는 길이다"라고 조언해 주었다. 미국 기업들의 사업 구조와 규모로 볼 때 적절하지 않아 보였기 때문이다. 결국 그 사업은 실패하고 말았다.

한국과 일본은 중소기업들의 경우, 국제적인 네트워킹이 되어 있지 못하다. 그래서 그것을 대행해 주는 종합무역상사가 도움이 될 수 있다. 하지만 미국의 기업들은 굳이 GE 같은 회사에게 수출을 맡길 필요가 없다. 이미 단독으로 국제적인 네트워킹을 가진 미국의 회사들이 가격 상승이 뻔한 무역상사를 통해 일할 이유가 없기 때문이다.

하지만 잭 웰치는 밀어붙이는 데는 역시 남다른 구석이 있었다. 나와 소통한 이들은 내 의견에 찬성하면서도 적극적으로 피력하지 못하다가 한참 후에야 보고했다고 한다. 내가 처음부터 잭 웰치를 만날 수 있었다면, 나는 눈치를 보지 않고 내 의견을 정확히 전달했을 것이다.

글로벌 CEO 과정

나는 서울대학교 경영대학 최고경영자과정을 거쳐 서울대학교(경영대), 하버드 대학교(경영대), 런던 비즈니스 스쿨(MBA), 일본 히토츠바시 대학(MBA)이 공동으로 기획한 '글로벌 CEO

과정'에서 공부를 했다. 일 년 과정으로, 1기에 25명을 뽑았는데 하나님의 은혜로 나에게도 기회가 주어졌다.

글로벌 CEO 과정을 밟는 동안 기억에 남는 일들이 많지만, IMF가 터지기 전 하버드에서 들은 마이클 포터(Michael Eugene Porter)의 강의가 특히 기억난다. 그는 세계적인 경영학자로 그의 책 《경쟁우위》, 《권력의 배신》 등이 우리말로 번역되어 있다. 그날 포터 교수는 한국의 경영자들 앞에서 단도직입적으로 이렇게 말했다.

"당신들이 한국에 돌아갈 때쯤이면 IMF 외환위기가 올 것입니다."

우리는 이 말이 무슨 의미인지 선뜻 이해되지 않았다. 우리나라는 한창 경제성장을 하고 있었고, 당시만 해도 IMF라는 명칭조차 생소할 때였다. 하지만 이내 포터 교수의 말은 현실이 되었다. 중소기업은 물론 대기업들도 직격탄을 맞았다. 회사들이 어려워지면서 그때 같이 공부하던 동기들 중 몇 명은 경영책임을 지고 수감되었다. 나는 그들을 만나 위로하려고 면회를 다니기도 했다.

글로벌 CEO 과정에서 같이 공부했던 동기들은 이제 각자 속해 있던 대기업의 CEO가 되어 있고, 과학기술부 장관이 된 이도 있다. 그런 사람들과 함께 영국에서 2주, 미국에서 2주, 일본에서 2주, 나머지 기간에는 서울에서 공부하면서 세계 경제의 흐름과 미래 전망을 들었던 경험은 여러모로 내게 유익했다.

──────── 최고의 리더에게 배우다

배움에는 끝이 없어야 한다. 경영자는 더욱 그러해야 한다. 내가 아는 한, 잭 웰치도 누구 못지않게 학습하는 경영자였다. 그는 경영에 대해 수많은 아이디어를 냈고 그것을 구체화한 책을 여러 권 저술했다. 《승자의 조건》, 《위대한 승리》, 《결단의 기술》, 《끝없는 도전과 용기》, 《잭 웰치의 마지막 강의》 등은 경영자들에게 교과서와 같다. 사업 영역을 바꾸지 않고도 회사의 시가총액을 어떻게 3배 이상으로 키울 수 있었는지, 성장이 멈춘 기업의 성장률을 어떻게 다시 두 자릿수로 올릴 수 있었는지, 매출이 감소한 기업의 직원들에게 어떻게 희망과 열정을 다시 불어넣어 줄 수 있었는지…. 그로부터 배울 것이 참 많다.

잭 웰치에게 배워 내게 익숙해진 덕목은 '솔직함', '단순함', 그리고 '자신감' 같은 것이다. 나는 GE 일을 하면서 그에게 배운 것도 많지만, 한국적인 경영 전략을 접목하고 수정하려고 나 나름대로 노력한 측면도 있다고 자부한다. 잭 웰치의 경영 전략을 받아들이지만 그의 과오를 답습하지 않기 위해 나는 성경에서 얻은 지혜로 그의 통찰을 다시 생각해 본다. 긍휼과 사랑, 용납과 용서, 비전과 믿음 없이 성장만 바라보며 달린다면 언젠가 추락하는 날이 있을 것이다.

나는 확신한다. 기업과 사람을 이끄는 리더는 학습에 정진할 뿐만 아니라, 최고의 리더이신 하나님께 배워야 한다. 하나님의 가르침이 담긴 교과서가 바로 성경이다. 성경은 구원의 책인 동시에, 삶의 모든 문제에 길을 찾게 도와줄 지혜로 가득하다. 그러니 경영자는 더욱 성경을 읽고 묵상하고 믿고 따라야 한다. 성경을 믿고 따르려면 최우선적으로 성경의 원저자이신 하나님을 믿어야 할 것이다.

우리 YPP가 여기까지 올 수 있었던 것은 오직 하나님의 은혜이다. 이 책을 읽는 분들도 나처럼 하나님을 만나기를 간절히 바란다. 그분의 말씀을 읽고 공부하며 따르기를 권한다. 하나님의 말씀도 배우고 익혀야 삶의 지침으로 더욱 활성화될 수 있다. 모든 면에서 배우기를 힘써야 할 경영자라면 더욱 그래야 한다. 그래서 나는 특히 경영자들에게 전도하기 위해 노력한다. 그들을 통해 그들의 회사에서 일하는 수많은 직원과 그 가족들에게도 복이 나눠질 것이기 때문이다.

맺음말

이제 너를 쓸 것이다

"컴 앤 씨!(come and see), 와서 보라!"

이 책의 제목으로 삼은 이 말씀은 예수님의 말씀(요한복음 1:39)이기도 하고, 예수님의 제자 빌립이 나다나엘에게 예수님을 소개하려고 할 때 전한 말(요한복음 1:46)이기도 하다. 또한 사마리아 여자가 예수님을 만난 뒤, 동네 사람들에게 전도할 때 외친 말(요한복음 4:29)이기도 하다.

> 예수께서 이르시되 "와서 보라." 그러므로 그들이 가서 계신 데를 보고 그날 함께 거하니 때가 열 시쯤 되었더라(요한복음 1:39).
>
> 나다나엘이 이르되 "나사렛에서 무슨 선한 것이 날 수 있느냐?" 빌립이 이르되 "와서 보라" 하니라(요한복음 1:46).
>
> "내가 행한 모든 일을 내게 말한 사람을 와서 보라. 이는

그리스도가 아니냐" 하니(요한복음 4:29).

이 말씀들은 공통적으로 예수님을 증언한다. '내 말만으로는 믿지 못할 테니 직접 와서 보고 확인하라'는 것이다.

하지만 오늘을 사는 우리는 믿지 않는 사람들에게 예수님을 직접 보여 줄 수 없다. 그 대신에 내 삶을 통해 예수님을 보여 줄 수 있다. 이것이 우리가 "와서 보라"라고 말할 때의 의미이다. 빌립은 예수님을 직접 보여 줄 수 있었지만, 우리는 내 모습으로, 각자가 다니는 교회를 통해 예수님을 보여 줄 수밖에 없다.

이같이 너희 빛이 사람 앞에 비치게 하여 그들로 너희 착한 행실을 보고 하늘에 계신 너희 아버지께 영광을 돌리게 하라(마태복음 5:16).

'와서 보라'는, 머리말에서도 밝혔듯이 10년 전 내가 전립선암에 걸렸다가 치유받을 때 받은 말씀이기도 하다.

정기 종합건강검진을 받는 도중 PSA 수치가 정상보다 높게 나왔다. 특정 부위 조직 일부를 떼어 내어 검사를 하는데, 평균 열두 군데를 찔러 검사를 한다고 했다. 그런데 내 경우, 혹시 모른다며 한 번 더 찔러 검사를 시도했다. 사실 열두 번이나 통증을 경험한 뒤라 한 번 더 조직을 떼어 낼 때는 짜증이 훅 밀려왔다.

하지만 그렇게 통상의 검사 횟수를 넘기고 추가로 실시한 검사에서 암이 발견되었다. 그리고 2012년 5월 10일 수술을 받았다. 다행히 이제는 하나님께서 깨끗이 고쳐 주셨다. 힘들고 어려운 과정이었지만 회사에 티를 내지 않아서 회사 임직원들 대부분은 나의 투병 사실을 잘 모른다.

그때, 책 제목을 'Come and See', '와서 보라'라고 지으라고 하나님께서 알려 주셨고, 그 음성에 순종하여 책을 펴내게 되었다.

나는 매우 건강한 체질이다. 하지만 수술받은 이후 수년간 항암치료를 받느라 체력도 약해진 데다가, 그 사이에 정부 차원의 탈원전이 진행되면서 회사가 경제적으로 어려워져 구조조정을 시행하면서 무척 힘이 들었다. 그때 내 기도를 요약하면 이 두 가지였다. "회사를 살려 주십시오." "나를 살려 주십시오."

YPP에는 원자력발전과 관련된 전문 인력이 많다. 이들이 할 일이 없어지는 것이니 탈원전이 회사에 끼친 영향은 엄청났다. 대안 사업을 찾아보는 시간이 필요한데, 그때까지 버틸 힘이 부족했다. 그러니 우선은 회사를 살려 달라는 기도가 먼저 나올 수밖에 없었다. 그리고 병으로 쇠약해져 가는 나를 살려 달라는 기도를 드렸다. 그런데 하나님께서 엉뚱한 응답을 주셨다.

"YPP가 살아 있는데 또 살려 달라고 하느냐? 내가 너를 칠십부터 더 크게 쓸 것이다."

그 응답을 받은 이후, 하나님께서 지난 시간 YPP를 사용해 오신 것은 어쩌면 연습게임에 불과할 수도 있겠다는 생각을 하게 되었다. 내가 나이가 들어도 하나님께서 계속 쓰실 것이라는 확신을 주셨기 때문이다. 이로써 적어도 나를 지금 데려가시지는 않겠다는 믿음, 회사를 살려 주시리라는 믿음이 확실해졌다.

그리고 모든 고비를 이겨 내고 지금껏 한 번도 생각해 보지 않은 사업을 시작했다. YPP는 아르센타워 건축과 더불어 새롭게 도약하고 있다. YPP의 대외적인 비전은 2025년에 매출 1조 원을 달성하는 것이다. 그러나 내가 기도하면서 받은 비전, 즉 YPP를 경영하는 진정한 목적은 하나님이 이 기업을 사용하시는 것이다. 특별히 아르센타워 건축 이야기를 할 때 밝힌 것처럼, 가산디지털단지의 수많은 젊은 인재들이 YPP와 아르센타워를 통해 복음화되는 것이 기도제목이다. 기술과 이성으로 무장된 그들에게 복음이 전달되기를 간절히 바란다. 그들이 아르센타워에 '와서' 예수님을 '보기'를 기도한다.

젊은 인재들과 생각을 함께하기 위해 나는 현재 한국 스마트산업진흥협회(구 유에코시티협회) 회장으로 섬기고 있다. 과거에는 구로공단으로, 지금은 서울디지털산업단지로 불리는 이 지역에 입주한 1만 3천여 업체 및 대한민국의 유관 기업들이 협회 회원사들이다.

내가 회장으로 섬겼던 'EBM'(Early Bird Meeting) 같은 포럼도 만들 예정이다. 한 달에 한 번, 이른 아침에 모여 명사의 강의를 들으며 친목을 도모하고 미래의 비전을 공유했던 경험을 살려 이와 유사한 모임을 아르센타워에서 진행할 계획이다. 이 모임에서는 복음과 말씀도 전해질 것이다.

나는 이 시대를 사는 예수님의 제자로서, 사람들에게 "와서 예수님을 보라"라고 증언하는 삶을 살기 원한다. 디지털산업단지와 기술업계의 복음화를 위한 나의 기도에 동참과 중보를 부탁드린다. 그리고 10년 후, 하나님이 계속 이루어 가신 일을 여러분 앞에 한 번 더 말씀드릴 수 있기를 소망한다.

보라, 지금은 은혜 받을 만한 때요
보라, 지금은 구원의 날이로다(고린도후서 6:2).

COME
AND
SEE

영풍물산 시절 GE 중역들과 함께. 서로 간의 두터운 신뢰를 바탕으로 40년 넘게 사업 파트너로 일하고 있다.

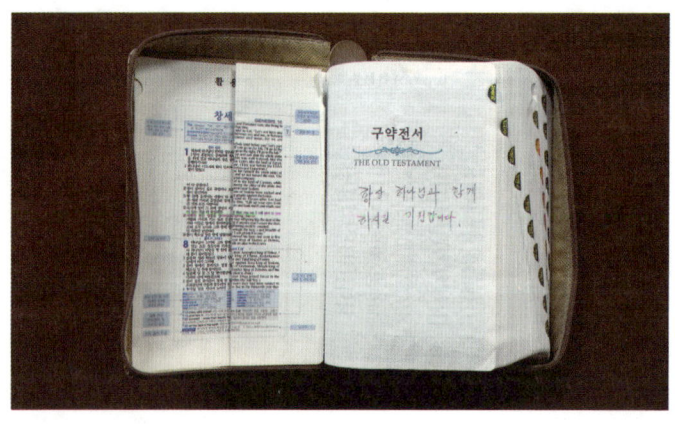

사옥을 매각한 회장님이 직접 제본하여 선물한 성경책.

YPP 아카데미의 '릴레이스쿨'과 'PSAC'.

2015년 국제전기전력 전시회에서 이루어진 'YPP-GE 기술 세미나' 현장.

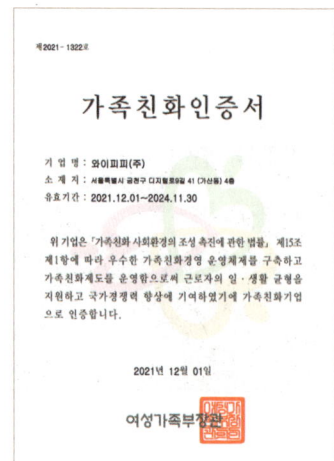 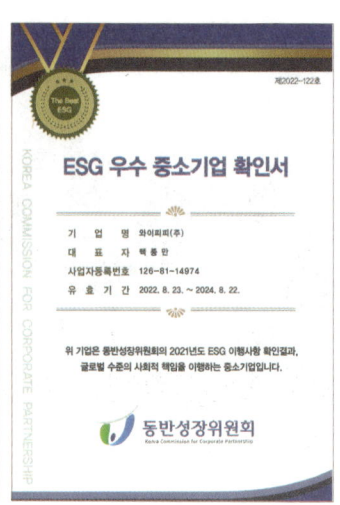

40년 동안 수많은 상을 받았지만, 2021년 '가족친화기업' 선정과 2022년 'ESG 우수 중소기업' 인증은 조금 더 특별하다. 나의 신앙적 신념이 우리 기업에 녹아든 결과라고 생각한다.

2022년 종무식. YPP가 이만큼 성장하는 데는 함께 일하는 임직원들의 공이 크다.

아름다운 세상을 향한 첫걸음, YPP 아르센타워.

"우리에게는 기적이어도 하나님께는 일상입니다."

**와서 보라,
그분이 하신 일을**

초판 1쇄 발행 2023년 2월 20일
초판 2쇄 발행 2023년 4월 10일

지은이   백종만
펴낸이   문신준
책임편집 이현주
디자인   스튜디오 아홉

펴낸곳   주식회사 웨민북스
출판등록 2022년 6월 14일
주소   서울시 강동구 천중로 213, 622호
전화   02-2289-9081
팩스   02-417-9081
이메일   wmbooks22@gmail.com

ⓒ 백종만, 2023

ISBN 979-11-979550-1-3 03230